베토벤의 생애

로맹 롤랑 지음
이휘영 옮김

문예출판사

VIE DE BEETHOVEN

Romain Rolland

차례

머리말 __5

베토벤의 생애 __17

하일리겐슈타트의 유서 __89

베토벤의 편지 __99

베토벤의 사상단편 __127

베토벤에 대한 감사 __137

베토벤의 수기   159

문헌 __167

옮긴이의 말 __179

머리말

    지금으로부터 약 25년 전쯤, 이 작은 『베토벤의 생애』를 쓸 그 무렵에 나는 처음부터 음악학적인 책을 쓰려고 한 것은 아니었다.
    그때는 1902년이었다. 파괴되고 큰 변화를 요구하는 폭풍이 몰아치는 우여곡절의 한 시기를 나는 막 빠져나가고 있었다. 혼란한 파리를 벗어나 열흘 동안 베토벤의 집을 찾아가 은신처를 구해야 했다.
    어릴 때부터 그는 내 생활을 위한 길동무였으며 삶의 싸움을 벌일 때마다 나는 그의 도움을 받아가며 지탱했다. 나는 본에 있는 베토벤의 집으로 찾아가 사망한 그의 모습을 보았고 그의 친우들도 만나 보았다. 코블렌츠의 베겔러 가를 방문해 베토벤의 친우였던 베겔러의 손자들을 만났고, 마인츠에서는 바인가르트너가 지휘하는 베토벤 음악제에서 교향악을 들었다.

비가 몹시 오는 4월이면 잿빛의 나날이 계속되었다. 안개가 자욱한 라인 강 기슭에서 오직 베토벤과 마음속으로 말을 주고받으며, 그에게 스스로의 생각을 고백하고 그의 슬픔과 씩씩함과 그의 고민과 그의 환희에 의해 흡족해져서 무릎 꿇고 있던 마음은 어느새 그의 힘찬 손에 이끌려 일어서게 되었다.

베토벤의 힘찬 손, 그것은 막 태어난 어린애, 나의 장 크리스토프를 축복해 주고, 그애에게 세례를 해주었다. 이런 것들로 나의 마음엔 용기가 생겨나 삶과의 새로운 계약에 서명하고, 기쁜 마음으로 신에 대한 감사의 노래를 부르면서 파리로 돌아오는 것이었다.

그 '감사의 노래'가 이 『베토벤의 생애』인 것이다. 이 글은 처음에 잡지 『르뷔 드 파리』에 발표된 후 펭기에 의해 출판되었다. 이 책이 나타내고자 하는 작은 의미가 친구들의 세계를 벗어나 많은 사람에게까지 읽혀지고 알려지리라고는 예기치 못했다. 물론 "책들은 책들 자체의 운명을 가진다"(habent sua fata libeili).*

내 자신에 대한 이야기를 장황하게 한 데 대해 양해를 바란다. 그것은 이 베토벤 찬가 속에서 역사학적인 엄밀한 방법에 따라 학문적인 어떤 요소를 찾으려는 오늘날의 사람들의 요구에 대한 나의 답변을 해두지 않으면 안 되기 때문이다.

나는 역사가이다. 그러나 이 말은 내가 역사가여야 할 때에 있어서의 말이다. 몇몇 저술에 의해서 나는 음악학을 위해 공헌을 했다고 생각한다.

---

* 시인이며 문법학자인 테렌티아누스 마루스의 격언이다.

그러니까 「헨델」이나 오페라를 위한 나의 글이 그것을 증명할 수 있지 않을까.

그러나 이 『베토벤의 생애』는 학문을 위해서 쓰여진 것이 절대 아니다. 이것은 상처 입은 영혼에서 태어난 하나의 노래였다. 이것은 숨이 막혀 있는 영혼이 호흡을 되찾고, 몸을 일으켜 구원자에게 바치는 감사의 노래였다. 내가 이 구원자를 묘사하면서 그 모습을 변용시키고 있는 것은 나 스스로 잘 알고 있다. 그러나 믿음과 사랑의 증거라고 하는 것은 모두 그와 같은 것이다. 그리고 이 『베토벤의 생애』는 그런 믿음과 사랑의 증거였다.

세계가 이 『베토벤의 생애』를 붙잡았다. 이 보잘것없는 책이 이 세계로부터 전혀 예상치 않았던 행운을 받은 것이다. 이 책이 세상에 나온 당시에는 프랑스의 수백만 사람들로 이루어진 한 세대 —— 자기의 이상(理想) 정신이 억압되어 있음을 알고 있는 한 세대가 존재하고 있어서, 이 사람들은 그들의 정신해방의 힘이 다가오는 것을 마음속으로 기다리고 있었다. 그런 해방의 말을 그들은 베토벤의 음악 속에서 발견하고 이어서 더 많은 것을 알고자 이 책을 구하려 한 것이다.

그 당시를 체험하고 지금도 살아 남은 사람들은 누구나 베토벤의 현악 사중주곡이 연주된 음악회를 잊지 못할 것이다. 그것은 마치 아그누스*의 기도가 올려지는 순간의 교회와 같았는데, 청중의 비통한 표정은 베토벤의 음악이 더듬어 가는 슬픔의 성스러운 길을 따라 가면서 그 길이 갖는 의미의 계시가 아름답게 빛나고 있었다. 지금 살아 있는 사람들은 어제 살아

---

* Agnus ; 하나님의 어린 양. 만인을 위한 희생을 상징하는 그리스도.

◀ 루트비히 판 베토벤
1800년경의 그림

있던 저 사람들로부터 멀어져 있다(그러나 어제의 저 사람들은 내일을 살아 갈 사람들에게 오히려 한층 더 가까운 것이 아닐까).

20세기 초기의 세대들은 많은 희생을 강요당하며 쓰러져 갔다. 전쟁이 하나의 못을 파고 그 못 속에 가장 훌륭한 사람들과 그들의 많은 계승자를 빠뜨려 소멸케 하였다. 나의 이 작은 『베토벤의 생애』 속에는 소멸된 그들 영혼의 모습이 깃들여 있다. 고독한 사람에 의해 쓰여진 이 책은, 이 책 자체는 조금도 그렇다고 의식하지 않은 채 모든 사람들(희생에서 살아 남은 한 세대의 사람들)과 비슷하였다. 그리고 그 사람들은 이 책 속에 그들 자신을 인정했다. 무명의 저자에 의해, 무명의 출판사에서 나온 작은 책자가 짧은 기간에 손에서 손으로 건네졌다. 이제 이 책은 내 소유가 아니다.

이 책을 나는 두 번이나 읽어 보았다. 그래서 나는 이 책의 불완전성을 발견했음을 인정하지만 그런 곳을 고쳐 쓰지는 않을 것이다. 왜냐하면 이 책은 당초의 성격과 저 위대한 한 세대의 신성한 모습을 보존하고 있지 않으면 안 되기 때문이다.

지금 베토벤 1백 주년 기념제에 임해서 사는 것과 죽은 것을 우리들에게 가르쳐 준 그 결백과 정직, 그리고 성실의 '스승' 베토벤 —— 저 위대한 한 세대의 사람들을 위해서 반려였던 베토벤을 칭송하는 나의 말에 덧붙여 나는 저 한 세대에 대한 추억을 기념한다.

1927년 3월
로맹 롤랑

(저자는 베토벤의 예술 및 그의 창조적 인격에 대한 연구에 한층 정확한 사적 및 기술적 성격을 지닌 다른 저작을 쓸 생각이다.)

> 옳게 또 떳떳하게 행동하는 사람은
> 오직 그러한 사실만으로써 능히 불행을
> 견디어 나갈 수 있다는 것을 나는 입증하고 싶다.
> ── 베토벤
>
> 1819년 2월 1일, 빈 시청에 보낸 편지에서

　우리들 주위의 공기는 무겁다. 늙은 유럽은 탁하고 썩은 분위기 속에서 마비되고 있다. 숭고하지 못한 물질주의가 사고를 억누르고, 뭇 정부와 뭇 개인의 행동을 속박한다. 세계는 그 조심스럽고 비루한 이기주의에 허덕이며 질식하고 있다. 세계는 숨이 막힌다 ── 다시금 창을 열어젖히자. 자유로운 대기가 흘러들게 하자. 영웅들의 숨결을 들이마시자.

　삶은 벅차다. 범용한 심령으로써 스스로 만족하지 않는 사람들에게는 삶은 나날의 고투이다. 그리고 흔히 그것은 위대함도 행복감도 없이 고독과 침묵 속에서 진행되는 싸움이다. 빈곤과 가사의 모진 근심과 쓸데없이 정력만 허비되는 질력나고 부질없는 업무에 쪼들려서 희망도 없고 한 가닥 기쁨의 광명도 없이 대다수의 사람들은 서로 고립하여 살고 있으며, 불행에 처해 있는 자기의 동포들에게 손을 내밀어 주는 위안조차 갖지 못하고 있다. 그 동포들은 그들을 알지 못하며, 그들도 그 동포들을 모른다. 그들은 오직 그들 자신의 힘에 의지하는 수밖에 없다. 그리고 가장 굳센 사람일지라도 고뇌 속에 쓰러져 버리는 순간이 있는 것이다. 그들은 하나의 구원을, 한 사람의 친구를 부르고 있다.

그들의 주위에 영웅적인 '친구들', 선을 위해서 고민한 위대한 심령들을 내가 모아 놓으려고 꾀하는 것은 그들을 돕고자 함에서이다. 이 "탁월한 사람들의 생애"는 야심가들의 거만한 마음에 바치려는 것이 아니다. 이 전기들은 불행한 사람들에게 바쳐진 것이다. 그리고 사실 따지고 보면 어느 누군들 불행하지 않겠는가? 고민하는 사람들에게 거룩한 고뇌의 향유를 바치자. 우리 싸움에 있어서 고독한 것이 아니다. 세계의 어둠에 성스러운 빛이 비치고 있다. 지금도 곁에서 가장 성스러운 두 줄기의 불길, 정의의 불길과 자유의 불길이 빛나는 것을 우리들은 본다 —— 피카르 대령과 부어 국민이 곧 그것이다. 그들이 비록 짙은 어둠을 불살라 버리지는 못하였을지라도 그들은 우리의 갈 길을 섬광 속에 가르쳐 주었다. 그들의 뒤를 따라 전진하자. 모든 나라, 모든 세기에 있어서 그들처럼 외로이 흩어져 싸운 사람들의 뒤를 따라 전진하자. 시간의 장벽을 걷어치우자. 영웅들의 족속을 부활시키자.

나는 사상이나 힘으로 승리한 사람을 영웅이라 부르지 않는다. 내가 영웅이라고 부르는 것은 오직 마음으로써 위대하였던 사람들뿐이다. 그들 가운데서도 가장 위대한 사람의 하나, 바로 우리가 여기에 생애를 이야기하려는 그 사람이 말한 것처럼, "나는 선 이외에는 아무것도 탁월의 표적으로 인정하지 않는다." 인격이 위대하지 못한 곳에 위대한 사람은 없다.

위대한 예술가도 위대한 행동가도 없다. 다만 비루한 대중이 받드는 공허한 우상이 있을 따름이다. 시간이 그들을 모조리 없애 버린다. 성공은 우리들에게는 중요한 것이 아니다. 참으로 위대함이 중요한 것이요, 위대하게 보인다는 것은 문제가 되지 않는다.

우리가 여기에 이야기하려는 사람들의 생애는 거의 언제나 기나긴 수난의 역사였다. 비극적 운명이 그들의 넋을 육체적 고통 위에다가 단련시키고자 하였거나, 혹은 그들의 동포가 뼈아프게 당하고 있는 말할 수 없는 고난과 굴욕의 광경을 봄으로 말미암아 그들의 심정이 갈가리 찢어지고 그로 인해 그들의 생활이 여지없이 거칠어졌거나, 하여튼 그들은 나날의 시련의 빵을 먹은 것이다.

그리고 그들이 의지력으로써 위대하였다면, 그것은 그들이 또한 불행을 통해 위대해졌기 때문이다. 불행한 사람들이여, 그러므로 너무 서러워하지 말라. 인류의 우월한 사람들이 그대들과 더불어 있는 것이다. 그들의 용기로써 우리 자신을 북돋우자. 그리고 우리가 너무나 잔약할 때는 그들의 무릎 위에 잠시 머리를 고이고 쉬자. 그들은 우리를 위로해 줄 것이다. 그들 성스러운 심령들로부터 청량한 힘과 기운 찬 자비의 분류가 용솟음친다. 그들의 작품을 묻지 않고도, 그들의 목소리를 듣지 않고도, 우리들이 그들의 눈 속에, 그들 생애의 역사 속에서 읽을 수 있는 것은 —— 인생이란 고뇌 속에서 가장 위대하고 가장 풍요하고 가장 행복할 수 있다는 것이다.

*

    이 영웅적 대열의 선두에 맨 먼저 장하고 깨끗한 베토벤을 세우자. 그 자신 고난 속에 있으면서 바라던 바는, 그 자신의 실례가 불행한 사람들에게 의지가 되며, 또 "모든 불행한 사람들은 한낱 자기와 같은 불행한 사람이 자연의 갖은 장애에도 불구하고 인간이란 이름에 값닿는 사람이 되고자 전력을 다했다는 것을 알고 위로를 얻으라"는 것이었다. 오랜 세월의 초인적 분투와 노력으로 마침내 고난을 극복하고, 천직을 —— 그 천직이란 그 자신의 말에 의하면 가련한 인류에게 조금이라도 용기를 불어넣어 주는 것이었다 —— 완수할 수 있게 되었을 때, 이 승리자 프로메테우스는 신에게 애원하고 있던 어느 친구에게 "인간이여, 그대 자신을 도우라!"고 대답했다.

    그의 이 자랑스러운 말에서 가르침을 받자. 그를 본받아 인생과 인간에 대한 인간적 신앙을 다시 일으키자.

1903년 1월
로맹 롤랑

할 수 있는 모든 선을 행하고

자유를 무엇보다도 사랑하고

비록 왕좌의 편을 들어서라도

절대로 진리를 배반하지 말아야 할 것이다.

베토벤

1792년, 기념첩

베토벤의 생애

베토벤의 생애

그는 키가 작고 뚱뚱하며 뒷덜미가 굵다란, 역사(力士) 같은 골격을 가졌다. 얼굴은 커다랗고 불그데데하였다. 다만 만년에 이르러서는 얼굴빛이 병자처럼 누렇게 되었다. 특히 겨울에 전원을 거니는 일이 별로 없이 집안에만 들어앉아 있던 때에는 더욱이 그러하였다. 이마는 단단하게 두드러졌다. 몹시 검고 텁수룩한 머리털 —— 빗질이라고는 한 번도 한 일이 없는 듯한 머리털은 제멋대로 사방으로 솟구쳐 '메두사의 머리의 뱀들' 같았다.*

그의 눈은 열정으로 불타고 있어, 그를 만나 본 사람은 누구나 그 정기

---

* J. 러셀(1822년) —— 카를 체르니는 어렸을 적(1801년)에 베토벤이 갈기 같은 더벅머리에 수염은 며칠째 깎지 않아 시커먼 채로 양털로 만든 겉저고리와 바지를 입고 있는 것을 보고 로빈슨 크루소를 보는 것 같았다고 하였다.

에 감명을 받았다. 그러나 그 눈빛에 관하여서는 많은 사람들이 잘못 알고 있었다. 검붉고 비장한 얼굴 가운데서 침침한 빛으로 번득이고 있었으므로 사람들이 대개는 검게 보았지만, 사실인즉 그의 눈은 푸르스름한 회색이었다.* 그 눈은 조그맣고 깊숙이 감겨 있는 듯 보였으나, 열정이나 분노가 끓어오를 때에는 갑자기 커다랗게 열리고, 그럴 때는 눈동자가 바쁘게 구르면서 모든 생각을 놀라우리만큼 진실되게 비쳐 내는 것이었다.** 그리고 그는 가끔 하늘을 향하여 우울한 시선을 돌리기도 하였다. 코는 짧고 네모져서 너부죽한 것이 흡사 사자의 콧마루 같았다. 입술은 얄팍했고, 아랫입술이 윗입술보다 약간 앞으로 나온 편이었다. 턱은 억세어서 호도라도 깨물어 부스러뜨릴 만하였다. 아래턱의 오른편으로 약간 치우쳐 깊숙이 우물진 보조개는 얼굴 전체의 균형을 야릇하게 깨뜨리고 있었다.

모셸레스가 말한 바에 의하면 ── "그의 웃는 얼굴은 인자하였다. 사람들과 이야기를 할 때는 흔히 친절하고 부추기는 듯한 태도를 보였다. 반면에 소리를 내어 웃는 웃음은 듣기 싫고 괄괄하고 얼굴까지 찡그리는 웃음이었으며, 더구나 늘 짧게 끊어져 버리는 웃음이었다" ── 그것은 기쁨을 자주 가져 보지 못한 사람의 웃음이었다. 그가 습관적으로 띠던 표정은 멜랑콜리였다. "사라질 수 없는 슬픔"이었다.

렐슈타프는 1825년에 말하기를 "베토벤의 부드러운 눈과 그 눈이 지닌 깊은 슬픔"을 보고 울고 싶어지는 것을 간신히 참았다고 했다. 브라운

---

* 1818년경에 베토벤의 초상을 그린 화가 클뢰버의 노트.
** W.C. 뮐러 박사는 베토벤의 눈은, "어떤 때는 부드러우며 정답고, 어떤 때는 흘기며 어르는 듯 무시무시하고 아름다운 표정의 눈"이라고 하였다(1812년).

◀ 1818년(48세)의 베토벤
페르디난트 슈몬의 유화.

폰 브라운타알은 그 이듬해에 베토벤을 어떤 맥주 홀에서 만났는데, 그때에 베토벤은 구석 자리에 앉아 기다란 파이프를 피우면서 눈을 감고 있었다. 이것은 죽음이 가까워짐에 따라 더욱 심해진 그의 버릇이었다. 친구가 말을 붙이면 그는 슬프게 웃음을 싯고 주머니에서 「회화(會話)수첩」을 꺼내었다. 그리고는 청각장애가 있는 사람들이 흔히 내는 그 날카로운 목소리로 하고 싶은 말을 써 달라고 청하는 것이었다.

갑자기, 심지어 길가에서까지 그를 엄습하여 행인들을 놀라게 하던 급격한 영감의 발작이 일어났을 때나 혹은 피아노 앞에 앉아 느닷없이 무슨 착상을 얻었을 때에는 베토벤의 얼굴은 변모하는 것이었다. "얼굴의 근육은 불끈 솟고 핏대는 부풀어올랐다. 거쿨진 눈은 갑절이나 더 무섭게 되고 입은 부들부들 떨렸다. 마치 자기 스스로 불러낸 마신들에게 스스로 잡혀

▲ 베토벤의 할아버지

버린 마술사처럼." 셰익스피어의 어느 인물과도 같았다.* 율리우스 베네딕트는 말하였다. "리어 왕"이라고.

*

    루트비히 판 베토벤은 1770년 12월 16일 쾰른 근방, 본 시의 어느 가난한 집의 보잘것없는 다락방에서 태어났다. 선조는 플랑드르 혈통이었다.** 그의 아버지는 본디 총명하지 못한 데다가 술주정뱅이 테너 가수였다. 어머니는 요리사의 딸로서 어떤 남자 종과 결혼하였다가 과부의 몸이 되어 재가했다.

    애처로운 유년 시절 —— 거기에는 유년 시절을 행복하게 보냈던 모차르트와 같은 애정이 넘치는 가족적 분위기는 없었다. 애초부터 그에게는 인생이 슬프고 가혹한 싸움이었다. 아버지는 베토벤의 음악적 재질을 이용하여 신동이란 간판을 붙여 그를 구경거리로 만들려 하였다. 네 살이 되

---

  * 클뢰버는 '오시안(Ossian)의 인물'이라고 말하고 있다. 베토벤의 용모의 이러한 세밀한 점들은 모두 그의 친구들, 또는 그를 만나 본 여행자들의 기록에서 차용하였다 —— 즉, 체르니, 모셸레스, 클뢰버, 다니엘 아마디우스 아터봄, W.C. 뮐러, J. 러셀, 율리우스 베네딕트, 로홀리츠 등.
 ** 그의 할아버지 루트비히는 그의 집안에서 가장 유능한 인물로서 베토벤이 가장 많이 닮은 사람인데, 그는 앙투와프 태생이었고, 스무 살쯤 되어 비로소 본 시에 정주하여 선거공 댁의 악장이 되었다. 이것은 베토벤의 성격의 그 극성스러운 자주성이라든가, 그 밖에도 반드시 독일적이 아닌 여러 가지 그의 성질을 이해하기 위해서 잊어서는 안 될 사실이다.

자 아버지는 그로 하여금 여러 시간 동안 클라브생(피아노의 전신(前身)) 앞을 떠나지 못하게 하거나, 또는 바이올린을 주고 그를 방 안에 가두어 두기가 일쑤였으며, 강제로 공부를 강요하였다. 하마터면 그 아이는 예술이라는 것을 영 싫어하게 되고 말 뻔하였다. 베토벤에게 음악을 배우게 하기 위해선 폭력을 써야만 했다.

베토벤의 소년 시절은 물질적 근심, 빵을 벌어야 한다는 것에 대한 걱정 등, 어린 몸으로 너무

▲ 베토벤이 유년시절을 보낸 라인가세에 있는 피셔하우스.

나 일찍부터 걸머진 책임으로 인해 슬프기만 하였다. 열한 살에 극장 오케스트라의 일원이 되었고, 열세 살에는 오르가니스트가 되었다.

1787년에는 극진히 사랑하던 어머니를 여의었다. "어머니는 나에게는 참으로 좋은 어머니, 사랑스러운 어머니, 나의 가장 귀한 친구였다! 어머니라는 정다운 이름을 불러 볼 수가 있었으며, 그것을 어머니가 들어 주시던 그때의 나보다 더 행복한 사람은 없었으리라."* 어머니는 폐병으로 세상을 떠났다. 그리고 베토벤도 어머니와 같은 병에 걸렸다고 생각하고 있

---

* 1789년 9월 15일, 아우크스부르크의 샤데 박사에게 보낸 편지(놀, 『베토벤 서간집』제12).

베토벤의 소년시절 여섯 장면
1845년 경의 석판화

었다. 벌써부터 그는 앓는 일이 많았던 것이다. 그리고 그는 자기의 병상에다가 우울증을 스스로 덧붙였는데, 정작 병고보다도 그 우울증이 더 심한 것이었다.*

열일곱 살 때에는 일가의 가장이 되어 두 어린 동생의 교육까지 떠맡았다. 집안을 다스려 나갈 능력이 없는 술주정뱅이 아버지를 은퇴시켜 줄 것이 자기 스스로 청원해야만 한다는 것이 그에게는 부끄러운 일이었다. 아버지가 낭비해 버리지 않게끔 아버지의 연금은 아들의 손에 지불되었다. 이러한 여러 가지 슬픔은 베토벤의 가슴속에 깊이깊이 새겨졌다.

그러나 그는 당시 본 시에 살고 있던 한 가정의 친절한 후원을 얻게 되었다. 그후 항상 그가 친애하여 마지않은 부로이닝의 가정이었다. 상냥한 '로르헨', 엘레노

---

* 그후에(1861년) 그는 이런 말을 하였다——"죽음을 모르는 사람은 가엾어라! 나는 열다섯 살 때 벌써 그것을 알고 있었다."

레 폰 부로이닝은 그보다 두 살 어린 소녀였다. 베토벤은 그녀에게 음악을 가르쳤고 그녀는 베토벤으로 하여금 시를 이해할 수 있게끔 해주었다. 그녀는 베토벤의 어린 시절의 동무였다. 아마도 그들 사이에는 적이 다정스러운 감정조차 없지 않았을 것이다.

엘레노레는 그 뒤 의사 베겔러와 결혼하였는데, 베겔러는 베토벤의 친구가 되었고, 이리하여 그들 사이에는 베토벤 생애의 마지막에 이르기까지 평화로운 우정이 지속되었다. 베겔러와 엘레노레의 그 점잖고 다정한 편지와 '충실한 옛 친구'로부터 '착하고 정다운 베겔러'에게 보낸 편지가 이를 증명하고 있다. 만년을 맞이하여서도 그들 세 사람의 마음의 젊음은 식지 않았으며, 그 애정은 더욱 감동적인 것이었다.*

---

* 이러한 몇몇 편지를 이 책의 뒷부분에 인용하였다. 베토벤은 또 그의 스승이었던 훌륭한 크리스티안 고틀로프 네페에게서도 친구이자 지도자를 발견할 수 있었다. 네페의 정신의 고귀함은 예술적 조예의 풍부함과 아울러 베토벤에게 많은 영향을 주었다.

▲ 베토벤의 스승 크리스티안 고틀로프 네페.

베토벤의 어린 시절이 아무리 슬픈 것이었다 할지라도 그는 어린 시절과 그 시절을 보낸 장소에 대하여 항시 그립고 멜랑콜리한 추억을 간직하고 있었다. 본을 떠나 그의 거의 전생애를 빈에서 —— 그 경박한 대도시와 그 음침한 교외에서 —— 지내야만 했지만, 그는 라인의 골짜기와 그 장엄하고도 어버이 같은 대하(大河), 그가 부르던 것처럼 "우리들의 어버이 라인"을 결코 잊어 버리지 않았다.

사실 이 강은 거의 인간적이라고 할 만큼 살아 있어, 무수한 사상과 정력이 깃든 거대한 혼과도 같은데, 그것은 아담한 본에 있어서 가장 아름답고 가장 늠름하고 가장 온화한 것이었다 —— 응달지고 꽃핀 언덕 밑을 라인은 힘차게 어루만지는 듯 넘실거리고 있는 것이다.

거기에서 베토벤은 그의 생애의 첫 스무 해를 살았고 거기에서 그의 젊은 마음의 꿈은 형성되었다. 물 위에 잔잔히 비치는 그 목장에는 안개에 묻힌 포플러들, 우거진 수풀, 수양버드나무들이 바라다보이고, 과일나무들은 소리 없이 흘러가는 물 속에 뿌리를 잠그고 있었다 —— 그리고 기슭 위에서 호기심을 가지고 아늑히 굽어보는 마을과 교회당과 묘지 —— 한편 지평선에는 '일곱 개의 푸른 산봉우리'가 변화무궁한 모습을 하늘에다 그려 내고, 그 꼭대기에는 무너진 고성들의 앙상하고 야릇한 영상이 서려 있었다. 이 고장에 대하여 베토벤은 끝끝내 변함없는 애정을 가졌다. 그는 마지막 날까지 그곳을 다시 한번 보기를 원했으나, 끝내 그 뜻을 이루지 못하였다.

"나의 고향, 내가 처음으로 이 세상의 빛을 본 그 아름다운 고장, 나의 눈앞에는 언제나 아름답게, 언제나 또렷하게 보이는구나 —— 내가 그곳을 떠나던 그때와 조금도 다름이 없이."*

*

프랑스 대혁명은 유럽 전지역으로 퍼지기 시작했다. 그리고 '혁명'은 베토벤의 마음을 사로잡고 말았다. 또한 본 대학은 새로운 사상의 온상과 요람이 되었다. 베토벤은 1789년 5월 14일 본 대학의 청강생으로 등록했다. 그리고 유명한 오이로규스 슈나이더(뒷날 라인지방의 검찰관이 됨)가 강의하는 독일문학을 청강했다. 본으로 바스티유 점령이 전해졌을 때, 슈나이더 교수는 강단에서 열성적으로 시를 낭송했고, 학생들은 감동하며 열광했다. 이듬해 슈나이더는 혁명 시집을 출판했으며, 예약 신청자 중에는 '궁정음악사 베토벤'과 브로이닝 가의 이름이 있었다.

1792년 11월 베토벤은 당시 독일의 음악 수도였던 빈에 정주하였다.** '혁명'이 폭발하여 점차 유럽을 휩쓸기 시작하였다. 베토벤이 본을

---

* 베겔러에게, 1801년 6월 29일(놀, 『베토벤 서간집』 제14).
** 1787년 봄에 그는 이미 빈에 짧은 여행을 한 일이 있었다. 그때에 그는 모차르트를 만났는데, 모차르트는 그에게 거의 아무런 주의도 하지 않았던 듯하다.
1790년 12월에 본에서 알게 되었던 하이든이 몇 번 그에게 레슨을 하여 주었다. 베토벤은 또

▲ 16세의 베토벤
조세프 네센의 실루엣. 1786년.

떠난 것은 그곳에도 막 전란이 들이닥치던 때였다. 빈으로 가던 도중에 그는 프랑스로 향하여 진군하는 헤센의 군대와 만났다. 1796년과 1797년에 그는 프라이드베르크가 지은 두 편의 전쟁시에 곡을 붙였다. 「출정의 노래」와 애국적 합창가 「우리는 위대한 독일 국민이다」가 그것이다. 그러나 '혁명'의 적을 노래하려던 그의 노력은 부질없는 것이었다. '혁명'이 세계를 정복하고, 그리고 베토벤을 정복한 것이었다.

1798년 이후 오스트리아와 프랑스 사이가 험악해졌음에도 불구하고 베토벤은 프랑스 사람들, 프랑스 대사관, 그리고 그때에 바로 빈에 도착하였던 베르나도트 장군과 친밀한 관계를 맺었다. 이러한 교우에서 베토벤의 가슴속에는 공화주의적 감정이 형성되기 시작하였다. 그리고 그 감정의 줄기찬 전개를 우리는 그후의 그의 전생애에서 볼 수 있는 것이다.

알브레히츠베르거와 살리에리를 스승으로 택하였다. 전자에게서는 대위법과 주법의 가르침을 받고 후자에게서는 성악 작곡법을 배웠다.

◀ 31세의 베토벤.
슈타인하우저의 데생으로
제작한 니들의 판화.

이 시기에 그를 그린 슈타인하우저의 데생은 당시의 그의 모습을 퍽이나 잘 나타내고 있다. 그것을 베토벤의 그후의 초상들과 비교해 보면, 마치 게렝의 작품인 보나파르트의 초상, 그 야심적이고 정열적인 얼굴이 나폴레옹의 다른 화상들에 대하여 갖는 관계와 흡사하다. 그 데생에서 베토벤은 나이보다도 젊게 보이며 여윈 몸을 바로 세우고 높은 크라바트 속에서 긴장되어 훑어 살피는 듯한 굳은 시선을 겨누고 있다. 그는 자기의 천품을 자각하고 있다. 그는 자기의 힘을 믿고 있었다. 1796년에 그는 수첩에 이렇게 적었다.

 "육신은 아무리 잔약할지라도 나의 정신은 꼭 이기고야 말리라! ……스물다섯 살! 나도 이제는 스물다섯 살이다…… 인간으로서의 전역량을 드러내야 할 나이가 된 것이다."*

---

* 그때 그는 첫 연주로 데뷔를 했을 따름이었다. 빈에서의 그의 피아니스트로서의 첫 공연은 1795년 3월 30일에 있었다.

폰 베르하르트 부인이 말한 바에 의하면, 그는 매우 거만하고 무뚝뚝하고 침울하며 심한 시골 사투리로 이야기를 하였다고 한다. 그러나 그와 친밀했던 사람들, 그들만은 그의 부드럽고 착한 마음씨 —— 거만한 듯한 그 서투른 태도 뒤에 숨어 있는 선한 마음씨를 알고 있었다.

그가 음악계에서 거둔 대성공을 베겔러에게 편지로 적어 보냈을 적에, 맨 먼저 그의 머리에 떠오른 생각은 다음과 같았다 —— "가령 내가 곤궁한 처지에 빠져 있는 어떤 친구를 만났다고 하자. 그때, 만약에 내 주머니가 나로 하여금 즉시 그를 돕는 것을 허락하지 않는다면, 나는 내 책상 앞에 앉기만 하면 된다. 잠시 후면 그 친구를 구해 줄 수가 있는 것이다…… 이 얼마나 신통한 일인가……"* 그 편지의 조금 뒤에서는 또 이렇게 말하고 있다 —— "나의 예술은 가난한 사람들의 행복에 이바지하여야 할 것이다."

고뇌는 이미 그의 문을 두드리고 있었다. 그것은 베토벤의 내부에 깃들여 다시는 나가려고 하지 않았다. 1796년과 1800년 사이에 귓병이 그 무서운 발악을 시작하였던 것이다.** 밤낮으로 그의 귓속은 윙윙거렸다. 또 게

---

* 베겔러에게(놀, 『베토벤 서간집』 제14). "내가 무엇이든 가지고 있는 동안에는 내 친구들 중의 누구라도 궁핍하여서는 안 된다"라고 그는 1801년 경에 리스에게 편지를 쓰고 있다 (놀, 『베토벤 서간집』 제24).

** 1802년의 "유서"에 베토벤은 6년 전에 —— 즉, 1796년에 귓병이 났다고 쓰고 있다. 베토벤의 작품 일람표를 보면 1796년 이전의 것으로는 작품 제1번의 삼중주곡 셋밖에 없다. 작품 제2번, 즉 피아노를 위한 최초의 세 소나타는 1796년에 발표되었다. 그러므로 베토벤의 전 작품은 베토벤이 귀가 어두워진 뒤에 쓴 것이라고 볼 수 있다.
베토벤의 귓병에 관해서는 1905년 5월 15일의 『의학시보』(Chronique médicale)에 게재된 클로츠 포레스트 박사의 논문 참조. 이 논문의 필자는 베토벤의 병의 근원이 유전성 허약 체질 (아마도 어머니의 폐결핵)에 있었으리라고 보고 있다. 그는 1796년에 귀의 나팔관 카타르를 진찰하였는데, 이것이 1799년경에 급성 중이염으로 악화되었다는 것이다. 치료가 제대로 되지 못하여 중이염은 만성이 되고 이에 따르는 모든 결과가 일어났다. 완전히 청각장애

다가 장 질환에 몹시 시달리고 있었다. 청각은 점점 무디어만 갔다. 여러 해 동안 그는 아무에게도, 가장 절친한 친구들에게도 그것을 말하지 않았다. 자신이 불구자라는 것을 남에게 알리지 않으려고 그는 사람들을 피하였다. 그 무서운 비밀을 그는 혼자서만 부둥켜 안고 있었다. 그러나 1801년에 이르러서는 그 이상 더 숨겨 둘 수가 없었다. 그는 절망적인 심정으로 두 사람의 친구, 의사 베겔러와 목사 아멘다에게 고백하였다.

"나의 사랑하는, 나의 착한, 나의 정다운 아멘다…… 자네가 내 곁에 있어 주었으면 하고 나는 얼마나 여러 번 바랐는지 모르네…… 자네의 베토벤은 몹시 불행하네. 나의 가장 귀중한 부분, 즉 나의 청각이 많이 약해져 버렸네. 우리들이 함께 지내던 그때부터 벌써 나는 이 병의 징조를 느끼고 있었지만 나는 그것을 감추고 있었네. 그러나 병은 점점 악화되어만 갔다네. 나을 수가 있을는지? 그렇다면야 물론 얼마나 좋겠는가. 그러나 희망은 거의 없네. 이런 병은 낫기 어려운 것 같네. 내가 사랑하는 모든 것을 피하면서 야속하고 이기적인 사람들 가운데서 살아가야만 한다는 말인가! 슬픈 체념 —— 나에게는 이것밖에는 다른 피난처가 없네, 이러한 모든 괴로움을 초월해 보려고 스스로 마음먹어 보지 않은 바도 아니네. 그러나 그

자는 되지 않았으나 귀는 더욱더 어두워갔다. 베토벤은 높은 소리보다도 낮은 소리를 비교적 잘 들을 수 있었다. 전하는 바에 의하면 만년에 그는 나무 토막을 사용하였는데, 그 한 끝을 피아노 속에 넣고 또 한 끝은 이빨로 물고 있었다고 한다. 작곡을 할 때는 이런 방법을 써서 소리를 듣곤 하였다.
(이에 관하여는 다음의 문헌 참조 —— C.G. Kunn, *Wiener medizinische Wochenschrift*, 1892년 2, 3월호 —— Willibald Nage, *Die Musik*, 1902년 3월호 —— Theodor von Frimmel, *Der Merker*, 1912년 7월.)
본에 있는 '베토벤 박물관'에는 1814년경에 기계기사 멜젤이 베토벤을 위하여 만든 보청기가 보존되어 있다.

▲ 베토벤 생가의 정원.

것을 내가 어떻게 할 수 있겠는가?……"*

또 베겔러에게는 "나는 비참한 생활을 하고 있다고 해도 과언이 아니네. 거의 2년째 나는 일체 사교를 피하고 있네. "나는 귀머거리오"라고 사

---

* 놀, 『베토벤 서간집』 제13.

람들에게 말할 수 가 없기 때문일세. 내가 다른 직업을 가졌다면 그나마 어떻게 될 수도 있으련만. 내 직업으로는 이것은 무서운 처지네. 나의 적들이 무어라고 하겠는가! 그것도 적잖은 수의 적들이! …… 극장에서 배우의 말을 알아들으려면 나는 오케스트라 바로 뒷자리에 앉아야만 하네. 조금만 멀리 떨어져 있어도 악기나 목소리의 높은 음이 들리지가 않네. …… 그러나 또 고함을 지르는 소리에는 몸서리가 쳐지네…… 내가 얼마나 여러 번 나의 존재를 저주하였는지 모르네! …… 플루타르코스가 나를 체념으로 인도해 주었다네. 될 수만 있는 것이라면 나는 운명과 싸워 보고 싶네. 그러나 나는 신이 창조한 가장 비참한 인간이라고 느껴지는 때가 한두 번이 아니었네…… 체념! 얼마나 슬픈 피난처인가! 그러나 이것만이 내게 남은 유일한 피난처라네."*

 이 비극에 대한 슬픔은 그 시기의 여러 작품 속에 나타나 있다.『비창주명곡』(작품 제13번, 1799년) 중에, 특히『피아노를 위한 제3소나타』(작품 제10번, 1789년)의 '라르고' 중에 그것이 나타나 있다. 그러나 그 슬픔이 어느 작품에나 드러나는 것은 아니어서 그 시기의 많은 다른 작품들, 가령 낭랑한 웃음소리가 피어오르는『칠중주곡』(1800년)이라든가 명랑한『제1교향곡』이 돈담무심한 젊은 심경을 반영하고 있다는 것은 이상한 일이다.

 아마도 그것은 넋이 고뇌에 젖어 버리기에는 시간이 걸리는 까닭이라. 넋은 극진히도 기쁨을 요구하는 것이기 때문에 기쁨이 없을 때는 그것을 스스로 창조해 내지 않으면 안 된다. 현재가 너무도 참혹할 때, 넋은 과거

---

* 놀,『베토벤 서간집』제14(이 책의 뒷부분「베토벤의 편지」참조).

의 추억으로 산다. 행복하였던 시절은 일시에 사라지는 것이 아니다. 그 광채는 그 시절이 지나가 버린 뒤에도 오랫동안 꺼지지 않고 빛을 던진다. 빈에서 외롭고 불행하게 지냈던 베토벤은 고향의 추억 속에 피난처를 구하였던 것이다. 당시의 그의 음악 사상은 모두 그러한 추억을 지니지 않은 것이 없다. 「칠중주곡」 중의 '변조하는 안단테'의 테마는 라인 지방의 민요이다.

「제2교향곡」 역시 라인이 낳은 작품으로 자기의 꿈을 향해 미소하고 있는 젊은이의 시이다. 이 교향곡은 즐겁고 간지럽다. 거기에는 사람들을 기쁘게 하고자 하는 욕망과 희망이 엿보인다. 그러나 어떤 대목에서는, 가령 '도입절'이라든가 은은한 베이스의 '명암조'라든가 환상적인 '스케르초'에서 우리는 참으로 커다란 감동으로 이 젊은 모습 안에 장차 나타날 천재의 시선을 볼 수가 있는 것이다. 그것은 보티첼리의 그림 「성스러운 가족」에서 볼 수 있는 어린 그리스도의 눈이다 —— 가까운 장래에 닥쳐올 비극을 벌써부터 그 속에 담고 있는 듯한 어린이의 눈인 것이다.

이 육체적 고통에 또 하나의 다른 성질의 번뇌가 겹쳤다. 베겔러는 말하기를, 베토벤이 한때라도 극도로 심각한 사랑의 정열을 가지고 있지 않은 것을 본 일이 없었다고 한다. 이러한 사랑은 언제나 지극히 깨끗한 것이었던 듯하다. 정열과 환란 사이에는 아무런 관계도 없었다. 오늘날 사람들이 이 둘에 대해서 어떠한 혼동을 하고 있는 것은 정열이 어떠한 것인지를 대다수의 사람들이 알지 못하고, 또 정열이라는 것은 참으로 흔치 않은 현상이라는 사실을 증명하는 것밖에 안 된다.

베토벤의 넋에는 청교도적인 그 무엇이 있었다. 추잡스러운 회화(會

◀ 베토벤의 제자,
줄리에타 기차르디.

話)나 사상을 그는 소름이 끼치도록 싫어하였다. 사랑의 성결성에 관해서 그는 아주 강경한 생각을 가지고 있었다. 모차르트는 「돈 조반니」를 씀으로써 그의 천재를 모독한 것이라 하여 베토벤은 그것을 용납하지 않았다고 한다. 그의 각별한 친구였던 쉰들러는 확언하였다 —— "그는 일종의 처녀 같은 수줍음을 가지고 일생을 끝마쳤고, 자신의 타락을 자책해야 했던 일은 결코 없었다."

그런데 이 같은 사람이란 언제나 연애에 속아서 희생이 되게 마련인 것이다. 베토벤이 그랬다. 끊임없이 열렬한 사랑을 품고 행복을 꿈꾸다가는 곧 실망하고 쓰디쓴 괴로움을 맛보곤 하였다. 그의 천성의 그 극성스러움이 마침내 우울한 체념 속으로 가라앉게 되는 나이에 이르기까지는 베토벤의 영감의 가장 깊은 원천을 우리는 이 사랑과 호기스러운 반발의 교착 속에서 찾아야 할 것이다.

35

1801년 그의 정열의 대상은 줄리에타 기차르디였던 듯하다. 그는 「월광곡」이라고 불리는 그 유명한 "소나타"(작품 제27번, 1802년)를 이 여성에게 바침으로써 그 자신을 불멸화하였다. "나의 생활은 지금까지보다는 퍽이나 평온하게 되었다." 이렇게 그는 베겔러에게 편지를 썼다. "나는 한결 사람들과도 잘 어울리고 있다. 이 변화는 어느 정다운 소녀가 이루어 준 것이다. 그녀는 나를 사랑하고 나도 그녀를 사랑하고 있다. 2년 이래 처음으로 이와 같은 행복한 순간을 가져 본다."*

그러나 이 행복한 순간의 대가는 쓰라린 것이었다. 첫째로 이 사랑은 그로 하여금 자신이 불구자라는 것의 비참함과 사랑하는 사람과의 결혼을 불가능하게 만들고 있던 자신의 불안정한 생활 상태를 더욱더 뼈저리게 느끼게 하였다. 그리고 줄리에타는 경박하고 유치하고 이기적인 여자였다. 그녀는 참혹스럽게 베토벤의 마음을 괴롭혔다. 그리고 1803년 11월에 갈렌베르크 백작과 결혼해 버렸다** —— 이 같은 정열은 넋을 유린시킨다. 베토벤의 경우처럼 넋을 파멸시켜 버릴 위험성이 있다.

이때가 그의 일생에서 단 한 번 쓰러져 버리고 말 것 같았던 유일한 순간이었다. 그는 절망의 위기를 헤매었다. 한 장의 편지가 우리들에게 그것을 말해 주고 있다. 즉 그의 두 동생 카를과 요한에게 준 "하일리겐슈타트

---

* 베겔러에게, 1801년 11월 16일(놀, 『베토벤 서간집』 제18).
** 그 뒤 줄리에타는 자기 남편을 위하여 베토벤의 옛정을 이용하기를 서슴지 않았다. 베토벤은 갈렌베르크를 도와 주었다. "그는 나의 원수였다. 내가 될 수 있는 대로 그에게 힘을 써 준 것은 바로 그 때문이었다"라고 그가 1821년 쉰들러와의 필담에서 말한 것이 회화 수첩에 적혀 있다. 그러나 그는 갈렌베르크 부인을 더욱 경멸하게 되었다. "빈에 도착하자 그는 나를 찾아와서 울고불고 야단이었다. 그러나 나는 그를 경멸하였다"라고 베토벤은 프랑스 어로 써 놓았다.

의 유서"가 그것이다. 거기에는 "내가 죽은 뒤에 읽고 실행하도록"*이라는 주의가 적혀 있다. 그것은 운명에 대한 항거와 비통한 고뇌의 부르짖음이다. 측은한 생각으로 마음을 찔리지 않고서는 도저히 이 부르짖음을 들을 수 없다. 그때 그는 하마터면 스스로 목숨을 끊어 버릴 뻔하였다. 오직 그의 철저한 도덕감만이 그것을 제지할 수 있었다.** 행여나 병이 나을까 하던 최후의 희망도 이제는 사라졌다.

"나를 받들어 주던 고매한 용기조차 그만 사라져 버리고 말았구나! 오오, 천명이여! 단 하루만, 진정한 기쁨의 단 하루만이라도 나에게 주소서! 진정한 기쁨의 소리를 들어 본 지 이미 오랩니다. 오오, 신이여! 언제 나는 다시 기쁨을 만날 수 있을까요? …… 영영 없을까요? …… 아닙니다, 그것은 너무나 참혹합니다."

이것은 운명의 신음 소리인 것 같다. 그러나 베토벤은 그후 25년을 더 살았다.

그의 꿋꿋한 성품은 시련 밑에서 좀처럼 쓰러져 버릴 수가 없었다. "나의 체력이 나의 시력과 더불어 지금처럼 좋을 때는 없었네…… 나의 젊음은 —— 그래, 나는 그것을 느끼고 있네 —— 이제야 겨우 시작되었을 따름

---

* 1802년 10월 6일(놀, 『베토벤 서간집』 제26). 이 책의 뒷부분 「하일리겐슈타트의 유서」 참조.
** "아이들에게 도덕을 권하라. 도덕만이 사람을 행복하게 할 수 있는 것이다. 돈이 아니다. 내 경험에 비추어 나는 이렇게 말한다. 내가 비참한 지경에 빠져 있었을 때 나를 받들어 준 것은 도덕이었다. 내가 자살로 인생을 끝마쳐 버리지 않을 수 있었던 것은 내 예술의 덕택이기도 하지만, 또한 도덕의 덕택이기도 하다." 또 1810년 5월 2일에 베겔러에게 보낸 다른 편지에 보면 이런 구절도 있다. "내가 어디선가, 사람은 아직도 좋은 일을 할 수 있는 동안에은 스스로 원해서 인생을 버려서는 안 된다는 것을 읽은 일이 있었던들 나는 벌써 오래전부터 이 세상에 있지 않았을 것이다. 그것도 아마 나 자신의 행위로써."

◀ 32세의 베토벤.
크리스티안 호르네만의 세밀화(1802).

이네. 하루하루가 나를 목표에 가까이 하여 주네 —— 무엇이라 정의는 할 수 없어도 내가 예감하고 있는 그 목표로…… 아아, 만약에 이 병을 떨쳐 버릴 수만 있다면, 온 세계를 껴안으련만…… 조금도 쉬지는 않네. 자는 것밖에 휴식이라는 걸 나는 모르고 지내네. 수면에 전보다 더 많은 시간을 뺏겨야 한다는 것만 해도 적지 않은 불행이네. 병이 절반만이라도 나을 수만 있다면! 그때는…… 결단코 그놈의 병에 눌려서는 안 돼. 나는 운명의 목덜미를 잡아쥐고야 말 테다. 나를 아주 굴복시키지는 못하겠지. 아아, 인생을 천 배로 살 수 있다면 얼마나 아름다울까!"*

---

* 베겔러에게(놀, 『베토벤 서간집』 제18).

이 애정, 이 고뇌, 이 의지력, 이 낙망과 호기의 교착, 이 내심의 비극은 1802년에 쓰여진 대작품들 속에 나타나 있다. 즉 「장송주명곡」(작품 제26번), 「환상풍의 소나타」와 「월광 주명곡」(작품 제27번), 웅대하고 비통한 독백과도 같은 극적 레치타티보가 달린 「제3소나타」(작품 제31번), 알렉산더 대왕에게 바친 바이올린을 위한 「C단조 소나타」(작품 제30번), 「크로이처 소나타」(작품 제47번), 겔러트의 시에 의한 웅장하며 비창한 여섯 편의 종교 가곡(작품 제48번) 등. 1803년의 작품인 「제2교향곡」은 그의 젊은 사랑의 감정을 차라리 더 많이 반영하고 있다. 그리고 거기에는 그의 의지가 마침내 단연코 우세하다는 것을 알 수 있다. 거스를 수 없는 하나의 힘이 온갖 슬픈 사랑을 휩쓸어 버린다. 용솟음치는 생명력이 종곡의 기세를 올린다. 베토벤은 행복하기를 바란다. 그는 자기의 불운이 어쩔 수 없는 것이라고는 믿지 않는다. 그는 쾌유를 바란다. 사랑을 바란다. 희망으로 그의 가슴은 넘치고 있다.*

*

이러한 여러 작품들에서는 그 행진적인 동시에 전투적인 리듬의 활기와 박력이 두드러지게 인상 깊다. 그것은 특히 「제2교향곡」의 알레그로와

---

* 1802년에 호르네만이 그린 세밀화는 당시에 유행하던 옷차림을 하고 있는 베토벤을 보여 준다. 구레나룻을 기르고 티투스처럼 머리를 젖히고 바이런의 어느 인물과 같은 비극적 모습을 하고 있다. 그러나 나폴레옹 같은 의지의 긴장은 여전히 조금도 풀리지 않고 있다.

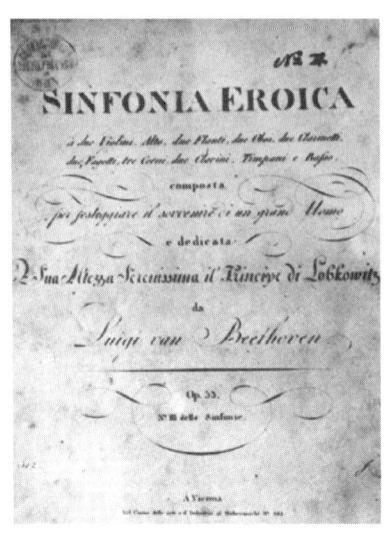
▲ 「제3교향곡」(영웅)의 표제면.

피날레에 있어서, 또한 알렉산더 대왕에게 바친 소나타의 그 우렁차고 장쾌한 제1악장에 있어서 뚜렷하다. 이 음악에 독특한 전사적 성격은 이 음악이 생겨난 그 시기를 연상하게 한다.

혁명이 빈에까지 이르러 이에 베토벤은 열광하였다. 사작(士爵) 폰 자이프리트는 이렇게 말하고 있다 —— "친한 사람들과 더불어 베토벤은 정치적 사건에 관하여 의견을 피력하기를 즐겼는데, 그의 견해는 상당히 깊은 이해력을 가지고 명확한 관점에 입각한 것이었다." 그의 온 동정은 혁명적 사상으로 쏠리고 있었다. "그는 공화주의적 원리를 사랑하였다"라고 베토벤의 만년에 가장 그와 절친하였던 쉰들러는 말하고 있다. "그는 무한한 자유와 국민적 독립을 주장하는 사람이었다…… 누구나 나라의 정치에 참여할 수 있기를 그는 바랐다…… 그는 프랑스를 위하여 보통 선거를 희망하고, 보나파르트가 그것을 실시하여 인류의 행복의 기초를 닦아 주기를 기대하였다."

플루타르코스의 영향을 받아 로마적 혁명주의자였던 그는 '승리의 신'인 최초의 집정관(나폴레옹)에 의하여 건설될 영웅적 공화국을 꿈꾸고 있었던 것이다. 그리하여 그는 연달아 「영웅 교향곡」(일명 보나파르트)

(1804)*——이것은 권세를 찬양한 『일리아스』이다——그리고 「제5교향곡」(1805-8년)——이것은 '영광'을 노래한 서사시이다——의 종곡을 제작하였다. 거기에서는 위대하고 고독한 심령들——현실과의 접촉으로 말미암아 이상이 위축되어 버리지 않은 고독한 심령들 속에 커다란 역사적 사건들이 비치는 그대로의 장렬함과 순수함을 가지고 시대의 혼이 생생하게 약동하고 있는 것이다.

베토벤의 모습은 이 서사시적 전란의 반영으로 물들어 있다. 이 전란들은 아마 그 자신도 모르는 사이에 이 시기의 모든 그의 작품들 속에 나타나 있는 것이다. 폭풍우 휘몰아치는 듯한 「코리올랑 서곡」(1807년)이며, 제1악장이 이 서곡과 비슷한 점이 많은 「제4현악 사중주곡」(작품 제18번), 그리고 비스마르크가 말하기를 "내가 이 곡을 가끔 듣는다면 나는 언제나 매

---

* 「영웅 교향곡」이 보나파르트를 위해서, 또 그에 관하여 쓰여졌고, 최초의 초고에는 아직도 '보나파르트'라는 제목이 붙어 있다는 것은 누구나 아는 사실이다. 그 뒤 베토벤은 나폴레옹이 제위에 올랐다는 것을 알고 분개하여 말하였다. "그래 그도 범인에 지나지 않더란 말인가!" 분격한 나머지 그는 헌사를 찢어 버리고, 앙갚음도 되려니와 또 아주 감동적이기도 한 제목을 썼다——"어느 영웅의 추억을 찬양하기 위한 영웅적 교향곡"(Sinfonia eroica composta per festeggiare il souvenire di un grand Uomos).
쉰들러가 말한 바에 의하면, 그후 베토벤은 나폴레옹에 대한 경멸감을 어느 정도 버렸다고 한다. 그는 나폴레옹을 다만 한낱 동정할 만한 불행한 사람, 하늘에서 떨어진 이카루스라고만 생각하게 되었다. 1821년 센트 헬레나의 파국이 알려지자, 그는 말하였다——"10년 전에 나는 벌써 이 비참한 사건에 들어맞는 음악을 썼다." 그는 '영웅'의 '장송곡' 속에 정복자의 비극적 최후를 고하는 예감을 인정하기를 즐겨했다. 그러므로 「영웅 교향곡」이, 특히 그 제1악장이 베토벤의 머릿속에서는 일종의 보나파르트 상이었으리라는 것은 거의 확실하다. 그것은 사실에 있어서 모델과는 매우 다르지만 베토벤이 머릿속에 그려 보고 있던 그대로, 그가 이상으로 바라고 있던 그대로의 보나파르트, 즉 '혁명의 천재'의 초상이라 할 것이다.
그리고 또 베토벤은 「영웅 교향곡」의 종곡에서 그가 그 전에 벌써 써 두었던 작품의 주제 중 하나를 전개하고 있는데 그것은 그야말로 참으로 혁명적 영웅, 자유의 신을 노래하기 위하여 쓰여진 작품 「프로메테우스」(1801년)이다.

우 용감할 수 있을 것 같다"*라고 하였다는 「열정 주명곡」, 그 밖에 「에그몬트」의 악보에도 그것이 나타나 있으며, 「피아노 협주곡」 역시 그렇고, 또 「E♭장조 협주곡」(작품 제73번, 1809년)에서도 기교 그 자체가 영웅적 성격을 띠고 있어, 거기에서도 군대의 행진 소리가 들려온다.

그러나 어찌 그것을 이상하게 여길 수 있을 것인가? 베토벤이 「어느 영웅의 죽음을 위한 애도 행진곡」(소나타, 작품 제26번)을 쓰고 있었을 때, 보나파르트보다도 더욱 그의 「영웅 교향곡」의 이상에 가깝고 그의 노래에 가장 합당하던 영웅, 루이 라자르 오슈 장군이 라인 근처, 지금도 장군 묘비가 코블렌츠의 본 시의 조그만 언덕 위에서 내려다보고 있는 그곳에서 사망하였다는 것을 알지 못하였다 하더라도, 그는 빈에서 두 번이나 '혁명군'의 승리를 보지 않았던가? 1805년 11월, 「피델리오」의 초연에 참석한 것은 프랑스 사관들이었다. 바스티유의 승리자 율랭 장군도 로코비츠의 집에 머물러 있었다. 로코비츠는 베토벤의 친구요 옹호자였으며, 「영웅 교향곡」과 「제5교향곡」이 그에게 바쳐졌다.

그리고 1809년 5월 10일에는 나폴레옹 자신이 셴부른에서 하룻밤을 묵게 된다. 이윽고 베토벤은 프랑스의 정복자들을 미워하게 되지만 어쨌든 그들의 영웅시적 행위에 대해 열정을 느꼈던 것만은 사실이다.** 이 열

---

* 로버트 폰 코이델(로마 주재 전(前) 독일 대사)의 저서 『비스마르크와 그 가정』(1901년), E.B. 랑의 프랑스어 역이 있다. 로버트 폰 코이델은 1870년 10월 30일에 베르사유에서 이 소나타를 품질이 좋지 않은 피아노로 쳐서 비스마르크에게 들려 주었다. 이 작품의 마지막 악절에 관하여서는 비스마르크는 이렇게 말하였다 —— "이것은 온 인생의 투쟁이요, 복받치는 울음소리이다." 그는 어느 음악가보다도 베토벤을 좋아하여 가끔 이렇게 확언하였다 —— "내 취향엔 베토벤이 제일 잘 맞는다."
** 베토벤의 집은 나폴레옹이 빈 시를 점령한 뒤에 폭발시킨 성과 근처에 있었다. "얼마나 살풍경

정을 베토벤처럼 느끼지 못하는 사람은 이 권세를 떨치는 행동과 개선의 음악을 절반 밖에는 이해할 수 없을 것이다.

*

베토벤은 돌연히 「제5교향곡」의 작곡을 중도에서 중단하였다. 그것은 「제4교향곡」을 몇 번이고 초안을 고쳐 만들던 그의 버릇과는 달리 단숨에 쓰기 위해서였다. 행복이 그의 눈앞에 나타났던 것이다. 1806년 5월에 그는 테레제 폰 브룬스비크**와 약혼을 하였다. 테레제는 오래 전부터 그를 사랑하고 있었다. 그

▲ 프란츠 그릴파르처.

한 폐허가 나를 둘러싸고 있는가!" 이렇게 그는 브라이트코프 운트 헤르텔 출판사에 보낸 편지에 쓰고 있다. "북 소리, 나팔 소리, 기지각쇄이 하잡것없는 놀음뿐이다."
이 시기의 베토벤을 묘사한 것으로서, 그를 1809년에 빈에서 만나 본 프랑스 사람의 글이 하나 있다. 글쓴이는 국회 배심관이었던 드 트레몽 남작이다. 그는 베토벤의 아파트가 난잡하게 뒤죽박죽이 되어 있는 모양을 그림 그리듯이 서술해 놓았다. 그와 베토벤은 철학과 종교와 정치를 논하고, 특히 베토벤이 숭배하던 셰익스피어를 논하였다. 베토벤은 그를 따라 파리로 갈까 하는 생각을 하고 있었다. 파리의 콩세르바투아르(파리 음악원)가 벌써 그의 교향곡을 연주하였다는 것을 그는 알고 있었고, 또 파리에는 그의 찬탄자들이 꽤 많이 있었다 —— (1906년 5월 1일의 『메르퀴르 뮈지칼』(*Mercure musical*)에 게재된 "드 트레몽 남작의 베토벤 방문"(*Une visite a Beethoven, par le baron de Tremon*), J. 샹타부안 출간 참조).
** 정확하게 말하자면 Therese von Brunswick라기보다는 Therese Brunsvik이다. 브룬스비크 일가와 베토벤이 알게 된 것은 1791년과 1799년 사이에 빈에서였다. 테레제와 줄리에타 기차르디와는 서로 사촌간이었다. 베토벤은 또 한때는 테레제의 동생 죠제핀에게도 마음이 끌렸던 듯하다. 죠제핀은 다음 백작에게 출가하였다가 다시 슈탈켈베르크 남작과 재혼하였다 —— 브룬스

것은 베토벤이 처음으로 빈에 와서 지내던 무렵에 소녀이던 그녀가 베토벤에게 레슨을 받던 때부터였다. 베토벤은 그녀의 오빠 프란츠 백작의 친구였다. 1806년에 헝가리의 마르톤바자르에서 베토벤은 그들의 집에 묵었는데, 거기에서 베토벤과 테레제는 서로 사랑하게 되었다. 이 행복하였던 시절의 추억은 테레제가 쓴 몇 가지 이야기*에 간직되어 있다.

"어느 일요일 저녁에 저녁 식사를 먹고 나서 달빛 흐르는 가운데 베토벤은 피아노 앞에 앉았다. 우선 그는 손을 펼쳐 건반 위를 가볍게 스쳤다. 프란츠와 나는 그것을 잘 알고 있었다. 베토벤이 피아노를 치기 시작하려 할 때는 늘 그렇게 하는 것이었다. 그리고는 낮은 소리의 화음을 두서너 번 두드렸다. 그런 다음에 천천히 장엄하고도 엄숙하게 제바스티안 바흐의 노래**를 연주하기 시작하였다…… '그대의 마음 나에게 주려거든 먼저 비밀리하여라. 우리들의 서로 가진 마음 아무도 모르게 하여라.' 나의 어머니와 목사는 잠이 들었다. 오빠는 묵묵히 앞을 바라보고 있었다. 나는 베토벤의 노래와 시선에 가슴이 사무쳐 삶을 충만하게 느꼈다── 이튿날 우리들은 정원에서 만났다. 그는 이렇게 말하였다. '나는 지금 오페라를 쓰

   비크 일가에 관한 가장 생생한 이야기는 앙드레 드 에브지 씨의 논문 「베토벤과 불멸의 연인」(Beethoven et l'Immortelle Bien-aimée)(『르뷔 드 파리』 1910년 3월 1일 및 15일호)에서 볼 수 있다. 드 에브지 씨는 이 연구 논문을 위하여 헝가리의 마르톤바자르에 보존되어 있는 테레제의 원고와 수기를 이용하였다. 드 에브지 씨는 베토벤과 브룬스비크 집안 사람들과의 친밀한 애정을 충분히 밝히고 있으면서도 테레제에 대한 베토벤의 사랑을 의문시하고 있다. 그러나 그의 논증은 도저히 수긍할 수 없을 듯하다. 후일 나는 그것에 이론(異論)을 제기해 보고자 한다.

* 마리암 텐거, 『베토벤의 불멸의 연인』(Beethoven's unsterbliche Geliebte)(1890년).
** 요한 제바스티안 바흐의 아내 안나 막달레나의 '앨범' 속에 들어 있는 이 명곡에는 "조반니의 아리아"(Aria di Giovanni)라는 제목이 붙어 있다(1725년). 이것이 진짜 바흐 자신의 작품인지는 지금까지 많은 논의가 있었다.

▶ 멜러가 그린
최초의 베토벤 초상(1804).

고 있어요. 주역의 자태가 내 마음속에 깃들여 있어서 내가 어디를 가거나 어디에 있거나 눈앞에 보입니다. 지금처럼 내가 높이 솟았을 때는 일찍이 없었습니다. 모든 것이 빛이요, 순결이요, 광명입니다. 여태까지 나는 조약돌만 주우면서 길가에 피어 있는 찬란한 꽃은 보지 못하는 그 옛 이야기의 어린이와도 같았어요……' 내가 극진히 사랑하는 오빠 프란츠의 동의만을 얻어 그와 약혼을 한 것은 1806년 5월의 일이었다."

이 해에 쓰여진 「제4교향곡」은 그의 전생애의 가장 평온하였던 시절의

▲ 프란츠 브룬스비크. 베토벤은 자신의 소나타 중에서 가장 완벽한 것이라고 보았던 「열정주명곡」을 테레제의 오빠 프란츠에게 바쳤다.

향기를 품고 있는 깨끗한 한 떨기의 꽃이다. 거기에서 사람들이 "선인들에게서 물려받은 음악 형식 가운데서 일반적으로 가장 널리 알려지고 애용되고 있는 것과 자기의 천재를 될 수 있는 대로 조화시키고자 한 당시의 베토벤의 경향"*을 본 것은 지당한 일이었다. 연애에서 우러나오게 된 그와 같은 타협적 정신은 그의 거동과 생활 태도에도 영향을 미치고 있었다.

이그나츠 폰 자이프리트와 그릴파르처가 말한 바에 의하면, 그는 신기가 왕성하여 쾌활하고 즐거워하며, 말투도 제법 재사스럽고, 사교계에서는 예절을 갖춰 귀찮게 구는 사람들이 있더라도 그저 꾹 참아 버렸으며 옷차림도 한결 말쑥하였다고 한다.

그는 사람들에게 그가 귀가 들리지 않는다는 것을 알아채지 못하고 약해진 시력** 이외에는 그의 건강 상태는 극히 양호하다고 말할 만큼 착각을

---

* 놀, 『베토벤의 생애』.
** 사실 베토벤은 근시였다. 이그나츠 폰 자이프리트가 말한 바에 의하면 베토벤의 시력은 천연두에 걸렸기 때문에 약해졌고, 아주 어렸을 적부터 안경을 쓰지 않으면 안 되었다. 그의 눈이 흘기는 듯이 보이게 된 것도 아마 이 근시안 때문이었을 것이다. 1823-24년의 그의 서간에는 눈을 앓아 신음하고 있는 것을 하소연한 글이 퍽 많다. 크리스티안 칼리셔의 논문 「베토벤의 눈과 눈병」(*Die Musik* 1902년 3월 15일, 4월 1일호) 참조.

주고 있었다. 그 당시에 화가 멜러가 그린 로맨틱하게 단장을 하고 좀 멋을 부린 초상화가 주는 인상도 또한 그러하다. 베토벤은 사람들의 호감을 사려 하고, 또 사람들의 호감을 얻고 있다는 것도 의식하고 있었다. 사자는 사랑을 하고 있었던 것이다. 사자는 발톱을 감춘다. 그러나 그의 이러한 희롱 뒤에는, 심지어「제4교향곡」의 환상과 애정 뒤에까지도 무서운 힘과 변덕스러운 기분과 울분을 통하는 기염이 숨어 있는 것을 느낄 수가 있는 것이다.

　이 깊은 평화도 영속될 운명을 갖지 못했다. 그래도 사랑의 행복이 준 영향은 1801년까지 계속되었다. 그의 천재로 하여금 그때 가장 완성된 열매를 맺게 한 그 자제력을 베토벤은 확실히 이 사랑에서 얻은 것이리라. 한편의 고전 비극이라고도 할 만한「제5교향곡」, 그리고 여름 한나절의 황홀한 꿈인「전원 교향곡」(1808년), 셰익스피어의「템페스트」에서 영감을 얻었고,* 그 자신이 그의 소나타 중에서 가장 완벽한 것이라고 보았던**「열정주명곡」은 1807년에 발표되었는데, 테레제의 오빠 프란츠에게 바쳐졌다. 테레제에게는 꿈결 같고 환상적인 소나타, 작품 제78번(1809년)을 바쳤다. 날짜는 없으나 "불멸의 연인"에게 보낸 한 장의 편지***는「열정주명곡」에 못지않게 그의 열렬한 사랑을 나타내고 있다.

　"나의 천사, 나의 전부, 나 자신인 그대여…… 그대에게 말하고 싶은 것이 너무나 많아서 나의 가슴은 터질 듯하오 …… 아아, 내가 어디에 있거나 그대는 나의 마음을 떠나지 않소 …… 아마도 일요일이 되기까지는

---

* 괴테의 희곡「에그몬트」를 위한 무대 음악의 작곡은 1809년에 착수되었다. 베토벤은 또 실러의 희곡「빌헬름 텔」을 위한 음악도 쓰고 싶어하였으나 사람들은 그 작곡을 기로베츠에게 담당시켰다.
** 쉰들러와의 담화.
*** 그러나 이 편지는 추측컨대 코롬파의 브룬스비크의 집에서 쓰여진 듯하다.

나의 첫 기별을 그대가 받아 보지 못하리라는 것을 생각하면 눈물이 납니다 —— 그대가 나를 사랑하는 그만큼, 아니 그보다 훨씬 더 많이 나는 그대를 그리워하오 …… 아아, 그대를 보지 못하는 이런 생활은 적막하다오! —— 이렇게 가까우면서도 이렇게 먼 그대! —— 나의 마음은 그대에게로 달린다오, 나의 영원한 사랑이여. 때로는 즐겁게, 때로는 슬프게 운명에게 물으면서, 운명이 우리들의 소원을 들어 주려는가 물으면서 —— 나는 그대와 함께 살든지, 그렇지 않으면 죽어 버리든지 할 거요…… 그대 아닌 다른 사람이 내 마음을 차지할 수는 절대로 절대로 없을 것이오 —— 오오, 이렇게 서로 사랑하는데 왜 멀리 떨어져 있어야 한단 말이오! 하긴 나의 인생이란 지금도 그렇지만 슬픔의 인생이오. 그대의 사랑은 나를 세상에서 가장 행복한 동시에 가장 불행한 사람으로 만들었소 —— 안심하시오…… 안심하시오 —— 나를 사랑하여 주시오! —— 오늘도 —— 어제도 —— 얼마나 뜨거운 열망, 얼마나 많은 눈물을 그대에게로, 그대 —— 그대 —— 그대 —— 나의 생명 —— 나의 전부인 그대에게로 보냈던가! 그러면 안녕히! 오오, 끝끝내 나를 사랑해 주시오 —— 그대의 사랑하는 L의 마음을 몰라 주면 안 되오 —— 영원한 그대의 사랑 —— 영원한 나의 사랑 —— 영원한 우리들의 사랑."*

어떠한 알 수 없는 이유가 서로 사랑하던 이 두 사람의 행복을 방해하였을까? —— 베토벤에게 재산이 없었다는 것과 두 사람 사이의 신분의 차이였을까? 또는 베토벤이 오랫동안 기다려야 하고 언제까지나 자기의 사

---

* 놀, 『베토벤 서간집』 제15.

◀ 1808년 경의 베토벤
슈노르 폰 카롤스펠트의 연필화.

랑을 비밀리하여야 하는 굴욕을 분개한 까닭일까?

아마도 극성스럽고 불구이고 사람을 꺼리던 그가 본의는 아니면서도 사랑하는 사람의 마음을 상하게 하여 스스로 절망해 버린 것일지도 모른다——약혼은 파기되고 말았다. 그러나 둘 다 결코 그들의 사랑을 잊어 버릴 수는 없었던 듯하다. 테레제 폰 브룬스비크는 그녀의 생애 마지막 날까지(1861년에 사망) 베토벤을 사랑하였다.

그리고 베토벤도 1816년에 이렇게 말하였다. "그녀를 생각할 때마다 나의 가슴은 그녀를 처음으로 만났던 그날과 같이 벅차게 뛴다." "멀리 있는 애인에게" 바친 그 여섯 편의 가요곡(작품 제98번)은 이 해에 쓰여진 것으로 참으로 감동적이요, 깊이 있는 노래이다. 그는 수기에 이렇게 쓰고 있다——"이 아름다운 자연을 볼 때 나의 마음은 부푼다. 그러나 '그녀'는 나의 곁에 있지 않다!"——테레제는 자기의 초상을 베토벤에게 주었는

DEM SELTNEN GENIE
DEM GROSSEN KÜNSTLER
DEM GUTEN MENSHEN
VON T B

▲ 테레제 폰 브룬스비크 (1806). 아래는 베토벤에게 자기의 초상을 주면서 쓴 헌사이다.

데, 헌사로는 '흔치 않은 천재, 위대한 예술가, 착한 사람에게. T.B.'라고 쓰여 있었다.*

베토벤의 만년에 어떤 친구가 그를 찾아가 본즉, 베토벤은 아무도 없는 데서 혼자 이 초상에 키스를 하면서 눈물을 흘리고 있었다. 그러면서 그가 늘 하던 버릇대로 소리 높여 이렇게 말하고 있었다 한다. "그대는 참으로 아름답고 참으로 훌륭하고 천사 같았었지!" 그 친구는 물러 나왔다가 조금 뒤에 다시 돌아가서 베토벤이 피아노 앞에 앉아 있는 것을 보고 말하였다. "오늘 자네 얼굴엔 악마의 그림자도 비치지 않네그려." 베토벤은 대답하였다. "내 천사가 찾아와 주었거든."

마음에 입은 상처는 깊었다. "가엾은 베토벤." 이렇게 그 자신이 말하고 있다. "이 세상에는 너를 위한 행복은 없다. 이상의 나라에서라야만 너는 친구를 얻을

---

* 이 초상은 지금도 본에 있는 '베토벤의 집'에 보존되어 있다. 프림멜, 『베토벤의 생애』 제29쪽과 『뮤지컬 타임스』(*Musical Times*) (1892년 12월 15일호)에는 그 복사가 실려 있다.

수 있을 것이다."* 그는 수기에 다음과 같이 쓰고 있다. "인종, 너의 운명에 대한 깊은 인종, 너는 이미 너 자신을 위해서 살 수는 없는 것이다. 다만 다른 사람들을 위하여 살아야만 한다. 너에게 남아 있는 행복은 오직 너의 예술 속에 있을 뿐이다. 오오, 신이여, 나를 이겨 나갈 힘을 주소서!"

*

    그리하여 사랑은 그를 저버렸다. 1801년에는 다시금 그는 외로워졌다. 그러나 드디어 그에게 명성이 왔다. 그리고 또 자기의 힘에 대한 자각도 생겼다. 바야흐로 그는 혈기 왕성한 나이에 이른 것이다. 이제는 아무것도 꺼릴 것 없이, 사회도, 인습도, 세인의 공론도 돌아볼 것 없이, 세차고 거센 자기의 기질대로 행동하였다. 무엇을 두려워하고 무엇을 삼갈 필요가 있으랴? 사랑도 야심도 이제는 없다. 자기의 힘, 다만 이것만이 그에게 남아 있다. 자기 힘의 자각에서 오는 기쁨, 그 힘을 사용하고자 하는——거의 남용하고자 하는 욕망이 있을 따름이다.
    "힘, 이것이야말로 대중에게 뛰어난 사람들의 도덕이다."
    그는 또다시 옷차림에 무신경해졌다. 그리고 그의 자유스러운 거동은 전보다 더 대담해졌다. 세상에서 가장 이름난 사람들에게라도 무슨 말이든지 다 할 수 있는 권리가 자기에게는 있다는 것을 그는 알고 있었다.

---

* 글라이헨슈타인에게(놀, 『베토벤 속(續) 서간집』 제31).

"나는 선 이외에는 아무것도 탁월의 표적으로 인정하지 않는다"*라고 그는 1812년 7월 17일에 쓰고 있다. 그 당시에 그를 만나 본 베티나 브렌타노는 "어느 황제라도, 어느 임금이라도 그처럼 자기의 힘을 의식하고 있지는 않았다"라고 말하였다. 그는 베토벤의 힘에 매혹되었다. 괴테에게 보낸 편지에 그는 이렇게 적었다. "내가 그를 처음으로 보았을 때, 나에게는 온 우주가 사라지고 만 것 같았습니다. 그리고 오오, 괴테여, 당신까지도…… 이 사람은 현대 문명보다 훨씬 앞서 있다고 내가 확언하더라도 내 생각이 틀렸다고는 믿지 않습니다."

이에 괴테는 베토벤과 알고자 하였다. 괴테와 베토벤은 1812년에 보헤미아의 온천지 테플리츠에서 만났으나 뜻이 서로 잘 맞지는 않았다. 베토벤은 괴테의 천재성을 열렬히 찬탄하고 있었음에도 불구하고,** 그의 성

---

* "마음은 모든 위대한 일을 일으키는 지레이다"(지안나타지오 델 리오에게 —— 놀, 『베토벤 서간집』 제180).

** "괴테의 시는 나를 행복하게 해줍니다." 이렇게 1811년 11월 19일에 베토벤은 베티나 브렌타노에게 보낸 편지에 쓰고 있다.
또 다른 데서는 이렇게 말했다. "괴테와 실러는 내가 가장 좋아하는 시인입니다. 오시안과 호메로스도 좋아합니다마는 이 시인들은 번역으로밖에 나는 읽을 수가 없었습니다"(브라이트코프 운트 헤르텔 출판사에, 1806년 8월 8일 —— 놀, 『베토벤 속 서간집』 제5).
베토벤은 별로 착실한 교육도 받지 못하였음에도 불구하고, 그의 문학 취미가 얼마나 확실한 것이었던가 함은 주목할 만한 사실이다. "거창하고 당당하고 항상 D장조인 것 같다"고 그가 말한 괴테 외에, 사실은 베토벤은 괴테보다도 호메로스, 플루타르코스, 셰익스피어 이 세 사람을 특히 더 좋아하였다. 호메로스의 것으로는 『오디세이아』를 애독하였다. 셰익스피어는 늘 독일어 번역으로 읽고 있었다. 그리고 그가 얼마나 비극적 웅대함을 가지고 『코리올레이너스』와 『템페스트』를 음악으로 옮겨 놓았는가 하는 것은 주지의 사실이다. 플루타르코스로 말하면, "프랑스 혁명" 시대의 많은 사람들처럼 그 역시 플루타르코스의 사상으로 배양되었다. 브루투스는 미켈란젤로의 영웅이고 또한 베토벤의 영웅이기도 했다. 그는 브루투스의 조그만 상(像)을 자기 방 안에 놓아 두었다. 그는 또 플라톤을 좋아하여 플라톤의 공화국을 전세계에 수립할 것을 꿈꾸고 있었다. "소크라테스와 예수는 나의 모범이었다"라고 그는 어디선가 말하고 있다(담화, 1891-20년).

격이 너무나 자유롭고 과격하였던 까닭에, 괴테의 성격과는 어울리지 않아 괴테의 마음을 언짢게 하고야 말았다. 둘이서 함께 산책을 하다가 이 거만한 공화주의자가 바이마르 대공의 추밀고문관에게 인간으로서의 위엄에 관한 교훈을 주었다는 이야기는(괴테는 베토벤이 이러한 짓을 하였다는 것을 용서하지 않았다) 베토벤 자신이 말한 것이다.

▲ 1819년의 괴테.

"왕이나 제후들이 교수를 만들어서 그들에게 칭호와 훈장을 수북이 줄 수는 있지만, 위대한 사람을—티끌 같은 인간들 가운데서 뛰어난 정신을—만들어 낼 수는 없는 것이다. 그리고 괴테와 나 같은 두 사람이 함께 있을 때는 이 신사 제공들도 우리의 위대함을 느낄 것임에 틀림없다——어제 우리 두 사람은 집으로 돌아오던 도중에 대공의 전가족과 마주쳤다. 우리는 그들을 멀리서 보았다. 괴테는 곧 내 팔에서 빠져나가 길 옆에 비켜 섰다. 내가 아무리 여러 말을 해보아도 보람이 없어 그를 한 걸음도 앞으로 나아서게 할 수가 없었다. 그래서 나는 모자를 푹 눌러 쓰고 외투의 단추를 채우고 두 팔은 뒷짐을 진 다음 빽빽이 떼를 지어 몰려오는 행렬 한가운데를 헤치고 나갔다. 제후 시신들이 좌우로 늘어서자 루돌프 대공은 나에게 모자를 벗고, 대공비 역시 나보다 먼저 인사를 하였다——고명한 양반들도 나를 알아보았다——일행이 괴테 앞을 지나가는 것을 돌아다보았더니, 괴테는 길 옆에 서서 모자를 벗어 들고 머리가 땅에 닿도록 허리를 굽히고 있었다. 뒤에 나는 괴테를 사정없이 나무래 주었다.* 괴테도 이 일을 잊어 버리지 않았다.**

「제7교향곡」과 「제8교향곡」은 이 시기의 작품으로서 1812년 테플리츠에서 불과 수개월 동안에 쓰여진 것이다. 「제7교향곡」은 율동의 일대 향연이요, 「제8교향곡」은 유머가 교향하는 심포니이다. 아마도 이 두 작품에서

---

* 베티나 브렌타노 폰 아르님에게(놀, 『베토벤 서간집』 제91) —— 베토벤으로부터 베티나에게 보낸 편지의 진위에 관해서 쉰들러, 마르크스, 다이터스는 그 진실성을 의심하였으나 모리츠 카리에르, 놀, 칼리셔는 이를 변호하고 있다. 베티나는 아마도 베토벤의 편지의 사연을 다소간 미화했겠지만, 그 내용에는 틀림이 없는 듯하다.

** 괴테는 젤터에게 말하였다. "베토벤은 불행히도 완악하기 짝이 없는 품격을 가진 사람이다. 그가 세상을 흉악한 것이라고 생각한다는 것은 무리도 아니지만, 그것은 자기 자신에게도 또 다른 사람들에게나 이 세상을 안락하게 만드는 방법은 되지 못한다. 하긴 그는 귀가 먹었으니까 그것을 용서하고 동정해 줘야 하겠지만." 그 뒤 괴테는 베토벤에게 해로운 일은 하나도 한 일이 없었지만, 또 이로운 일도 무엇 하나 해주지 않았다. 베토벤의 작품에 관하여 또 그의 이름에 관하여서도 완전히 침묵을 지켰을 따름이다. 괴테도 내심으로는 베토벤의 음악을 찬탄하고 있었으나 어쩐지 그것을 두려워하였던 것이 사실이다. 그 음악은 괴테의 마음을 뒤흔들어 놓는 것이었다. 그는 허다한 고심 끝에 비로소 얻은 마음의 평온을 베토벤의 음악이 잃게 하지나 않았을가 두려워하였던 것이다. 1803년에 바이마르에 들렀던 젊은 페릭스 멘델스존의 한 장의 편지는 무의식 중에 괴테의 넋의 심연을 보여 주고 있다. 그것은 억센 지성이 다잡고 있는 격렬하고 열정적인 넋 —— 괴테 자신이 말한 것처럼 '폭풍과 격동을 지닌 넋'(leidenschaftlicher Sturm und Verworrenheit)이었다.

멘델스존은 그 편지에 이렇게 쓰고 있다.

"처음에 괴테는 베토벤의 이야기를 듣고 싶어하지 않았다. 그러나 내가 굳이 들어 주기를 청하였기 때문에 그도 어쩔 수 없었고, 또 『제5교향곡』의 제1악장에 귀를 막을 수도 없었다. 이 음악에 그는 몹시 감동되었다. 그러나 그것을 조금도 얼굴에 나타내기를 싫어하여, 다만 이렇게만 말하고 있었다. '아무런 감동도 일으키지 못하고 그저 약간 신기할 뿐이로군.' 조금 있다가 다시금 말하였다. '그것 참 굉장하군, 맹랑한데. 집이 막 무너져 내릴 것 같지 않은가.' 그리고는 식사를 하게 되었는데 그동안 괴테는 깊이 생각에 잠겨 있었으나, 화제를 다시금 베토벤에게로 돌리자 여러 가지로 나에게 묻기 시작하였다. 효과가 절실하였다는 것을 나는 짐작할 수 있었다……"

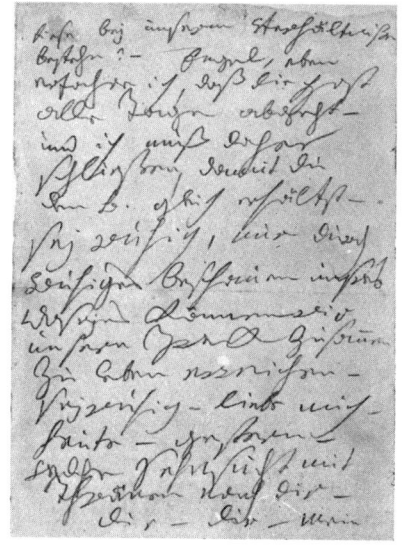 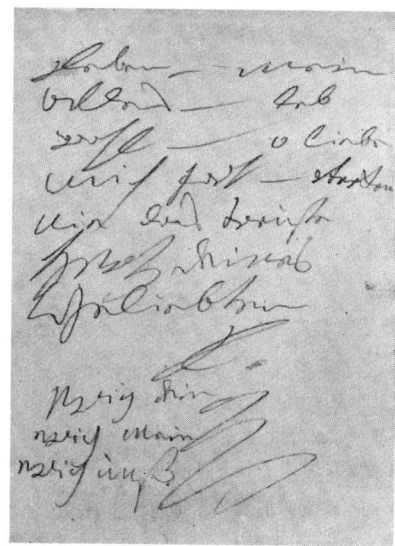

▲ 불멸의 연인에게 보내는 편지.

베토벤은 가장 자연스러움을 보이고 있고, 그가 말한 것처럼 가장 '숨김 없이 드러내 보이고 있는' 것이다. 거기에는 즐거움과 분격의 열광이 있고, 급작스러운 콘트라스트가 있고, 엄청나고 거창한 용솟음, 그 거인적 폭발이 있다. 이것은 괴테로 하여금 공포를 느끼게 했다.*

또 독일의 북부 지방에서는 「제7교향곡」이 술주정뱅이의 작품이라는 평을 받았다──사실 취한 사람임에는 틀림없으나, 자신의 힘과 천재에 취한 사람의 작품인 것이다. 그 자신이 이렇게 말하고 있다──"나는 인류를 위하여 향기로운 포도주를 빚는 바쿠스이다. 사람들에게 거룩한 도취감을

---

* 괴테가 젤터에게 보낸 편지(1812년 9월 2일). 1812년 9월 14일, 젤터가 괴테에게 쓴 편지에는 '나 역시 두려움을 가지고 그를 찬탄합니다' (Auch ich bewundere ihm mit Schrecken)라고 하였다. 1819년 젤터는 괴테에게 "들은 바에 의하면 그는 미치광이라지요"라고 하였다.

▲ 프란츠 클라인 작 베토벤의 라이프 마스크 (1812).

주는 것은 나다." 바그너가 말한 것처럼, 베토벤이 그의 「제7교향곡」의 종곡에서 디오니소스의 축전을 묘사하려고 하였는지 어떤지는 모르겠다.*

차라리 나는 이 극성스러운 '케르메스'(네덜란드 지방의 축제) 안에 그의 플랑드르 혈통의 표적을 인정한다——훈련과 복종의 나라에서 호기스럽게 튀어나오는 그의 언어와 거동의 대담스러움 속에 내가 그의 혈통을 인정하는 것과 마찬가지로 「제7교향곡」에 있어서처럼 솔직함과 자유스러운 힘이 나타나 있는 작품은 다시 없다. 그것은 초인적 정력의 남용——목적 없는 남용이니, 거기에는 즐거움, 즉 넘쳐서 모든 것을 휩쓸어 버리는 대하(大河)의 즐거움이 있을 뿐이다. 「제8교향곡」에서는 힘이 그렇게 웅대하지는 않으나 더욱 야릇한 것이어서 이 사람의 특징을 더 잘 드러내고 있다. 거기에서는 비극과 익살이 갈마들고, 헤르쿨레스 같은 거대한 힘이 어린이의 유희와 변덕에 융합되어 있는 것이다.**

1814년은 베토벤의 명성이 최고조에 달한 해였다. 빈 회의에서 그는

---

* 하여튼 디오니소스의 축제를 묘사한다는 것은 그의 생각에 있었던 주제다. 왜냐하면 그것을 우리는 수기에 특히 「제10교향곡」의 초안에서 볼 수 있으므로.

** 1811-12년, 테플리츠에서 베토벤은 베를린의 젊은 여류 성악가 아말리에 제발트를 알게 되었는데 그녀와 베토벤의 정다운 친교가 이 작품들과 대를 같이하고 있는 만큼 아마 그 우정이 이 작품들을 쓰는 데 영감을 주었을지도 모른다.

◀ 1814년(44세)의 베토벤
루이 르트론의 데생에 의해
블라지우스 회펠이 제작한 판화.

전유럽의 한 영광으로서 대우를 받았다. 축제에도 적극 참여하여 왕후들은 그에게 경의를 표시했고, 그가 쉰들러에게도 자랑한 것처럼 버젓이 사람들이 해주는 대로 대접을 받고 있었다.

그는 독립 전쟁에 관심을 쏟았다.* 1813년에 교향곡 「웰링턴의 전승」(작품 제91번)을, 1814년 초에는 전투적 합창가 「게르마니아의 부활」을 썼다. 1814년 11월 29일에는 왕후들을 청중으로 애국적 가곡 「영광스러운 순간」을 지휘하였고, 1815년에는 파리 함락에 즈음하여 합창곡 「모두 이루어지다」를 작곡하였다. 이처럼 시시로 사정에 응하여 쓴 작품들은 다른 작품들보다도 더 그의 명성을 높여 주었다.

프랑스 사람 르트론의 데생에 의하여 블라지우스 회펠이 제작한 판화와, 1812년에 프란츠 클라인이 그의 얼굴에서 박아 낸 그 사나운 '라이프

---

* 이 점에 있어서 슈베르트는 그와 태도를 매우 달리하여 시기를 노린 작품 「나폴레옹 대제를 위하여」를 만들었고 그 자신 그것을 황제 앞에서 지휘하였다.

마스크'는 빈 회의 때의 베토벤의 모습을 여실히 보여 준다. 꽉 다문 입, 분노와 고뇌의 주름살이 새겨진 사자 같은 얼굴에 가장 뚜렷이 나타나 있는 특징은 의지 —— 나폴레옹 같은 의지이다. 이에나의 전투가 있은 뒤에 나폴레옹에 관해서 다음과 같은 말을 한 사람의 성격을 과연 우리는 그 얼굴에서 인정할 수가 있는 것이다 —— "내가 음악을 할 줄 아는 만큼 전쟁을 할 줄 모르는 것이 매우 유감이다. 나폴레옹을 무찌를 수가 있을 터인데!" —— 그러나 그의 왕국은 이 세상의 것은 아니었던 것이다. "나의 나라는 공중에 있다"(Mein Reich ist in der Luft)*라고 그 자신 프란츠 폰 브룬스비크에게 쓰고 있는 것처럼.

*

이 영광스러운 시기에 뒤따라 가장 슬프고 가장 처참한 시기가 오게 된다. 빈이란 곳이 베토벤에게 호의를 가져 준 적은 한 번도 없었다. 베토벤처럼 버젓하고 자유로운 천재가 기교를 일삼으며, 속되고 범용한 정신에 젖어 버린 도시 —— 바그너가 그렇게도 경멸하게 혹평한** 이 도시를

---

* "우리 군주들이여, 군주 정치에 관하여선 나는 아무 말도 하지 않겠습니다." 이렇게 그는 빈 회의가 한창 열리고 있던 때에 카우카에게 보낸 편지에 쓰고 있다. "나에게는 정신의 나라가 제일 소중한 것입니다. 그것은 현세의 또는 영혼의 왕국 중에서 가장 으뜸가는 것입니다."
** "빈이라고 하면 다시 더 무슨 말이 필요하지 않을 것이다 —— 독일 프로테스탄티즘은 깡그리 자취 없이 사라지고 자기 나라 말의 악센트조차 정확성을 잃고 이탈리아 말투로 되어 있었던 것이다. 독일 정신도, 독일 풍기와 관습도 모두 이탈리아나 스페인계의 교본 따위로 설명되어 있었다…… 역사도 과학도 종교도 왜곡되었던 나라…… 경박한 회의주의로 말미암아 진리와 품위

좋아하였을 리는 만무하다. 그는 기회만 있으면 그곳을 버리려고 하고 있었다. 1808년경에는 오스트리아를 떠나 웨스트팔리아 왕 제롬 보나파르트의 궁전으로 가 버릴 생각을 진정으로 하게끔 되었다.*

그러나 빈은 음악가들이 많은 도움을 얻을 수 있는 곳이었다. 거기에는 어느 때고 베토벤의 위대함을 알아보고, 자기 나라로 하여금 그를 잃게 되는 수치를 면하게 한 음악 애호가 귀족들이 있었다는 것만은 인정하지 않을 수 없다. 1809년에 빈에서 가장 부유한 세 귀족 루돌프 대공(이 사람은 베토벤의 제자였다)과 로코비츠 공과 킨스키 공은 베토벤이 오스트리아를 떠나지 않겠노라는 단지 그 한 가지 조건 밑에 그에게 해마다 4천 플로린의 연금을 지급할 것을 제안하였다.

그들은 말하되 —— "사람이란 모든 물질적 근심에 속박됨이 없어야만 자기의 예술에 전적으로 몸을 바칠 수 있고, 또 그래야만 비로소 예술의 영예를 빛내는 숭고한 작품을 창조할 수 있음은 자명한 이치이므로, 본인들은 루트비히 판 베토벤의 생활을 보장하여, 그의 천재력의 발휘를 막아 버릴지도 모를 야속한 상애를 제기히기로 결의한다"라고 하였다.

와 자주독립을 사랑하던 국민성은 완전히 파괴되고 매장되어 버렸던 것이다……"(바그너, 『베토벤』, 1870년).

그릴파르처는 오스트리아 사람으로 태어난 것은 불행이라고 말했다. 19세기 말엽에 빈에서 생활한 대작곡가들은 형식주의적인 브라암스 숭배에 빠져 버린 이 도시의 정신 때문에 무참히도 고통을 겪었다. 빈에서의 브루크너의 생애는 그야말로 기나긴 수난이었다. 분연히 몸부림을 친 후고 볼프는 쓰러지기 전에 빈에 관하여 무자비한 비판을 표명하였다.

* 웨스트팔리아 왕 제롬은 금화 6백 두카텐의 종신 연금의 보수에, 은화 1백 50두카텐의 여행비를 제공한다는 것이었다. 이에 대한 베토벤의 의무로는 이따금 왕 앞에서 연주를 하는 것과, 그리고 길지도 않고 회수가 잦지도 않은 실내 음악의 연주회를 지휘한다는 것뿐이었다(놀, 『베토벤 서간집』 제49). 베토벤은 떠날 결심이 거의 다 되어 있었다.

◀ 오페라 「피델리오」의 한 장면.
1817년에 빈에서 「피델리오」의 상연이 대성공을 거둔다.

    불행히도 실행이 약속에 따르지 않았다. 이 연금은 항상 매우 불규칙하게 지불되었던 것이다. 그나마 얼마 안 가 아주 중단되고 말았다. 그리고 또 1814년의 회의 이래로 빈의 성격도 달라졌다. 사람들은 정치에 마음이 팔려 예술에 대한 관심이 줄어들었고, 음악 취미는 이탈리아 파로 인하여 저하되었으며, 온통 로시니에게로 쏠리고 있던 유행은 베토벤을 거드름장이로 몰고 있었다.*

  ** 로시니의 「탕크레드」는 독일 음악의 모든 지반을 뒤흔들기에 충분하였다. 에르하르트가 인용한 바에 의하면 바우에른펠트는 1816년에 빈 사교계에 널리 알려졌던 다음과 같은 평을 그의 「일기」에 적고 있다——"모차르트와 베토벤은 늙어빠진 거드름장이다. 사람들이 그들의 음악을 즐겼다는 것은 저 세대가 어리석었던 탓이다. 로시니 이래 비로소 처음으로 사람들은 멜로디가 어떠한 것인가 알게 되었다. 「피델리오」는 너절하기 짝이 없는 작품이다. 하필 그런 싱거운 것을 들으러 가다니 알 수 없는 노릇이다."

베토벤의 친구들과 옹호자들은 뿔뿔이 흩어지기도 하고, 또 죽기도 하였다. 킨스키 공은 1812년에, 리히노프스키는 1814년에, 로코비츠는 1816년에 사망하였다. 베토벤이 그 훌륭한 현악 사중주곡 작품 제59번을 바친 라주모프스키는 1815년 2월의 연주회를 최후로 별세하고 말았다. 1815년에 베토벤은 그의 어린시절의 동무이며 엘레노레의 오빠인 슈테판 폰 부로이닝과도 사이가 틀어졌다.* 베토벤은 그만 고독한 단신이 되어 버렸다.** "나에게는 친구도 없다. 나에게는 천하에 고독뿐이다." 이렇게 그는 1816년의 수기에 쓰고 있다.

귀는 완전히 어두워졌다.*** 1815년 가을부터 사람들과의 접촉은 다만 필담으로밖에는 할 수 없게 되었다. 맨 첫 「회화수첩」은 1816년의 것이다.**** 1822년 「피델리오」 공연에 관한 쉰들러의 그 슬픈 이야기는 너무나 유명하다.

"베토벤은 총연습 때 지휘하기를 청했다…… 제1막의 이중창에서부

베토벤의 **연주회**는 1814년 피아니스트로서 연주한 것이 마지막이었다.

* 같은 해에 베토벤은 동생 카알을 잃었다. "내가 인생을 버리고 싶어하던 그만큼 그는 인생에 많은 애착을 가지고 있었다"라고 베토벤은 안토니아 브렌타노에게 보낸 편지에 쓰고 있다.

** 다만 마리아 폰 에르되디 백작부인과의 갸륵한 우정만은 예외였다. 이 부인도 베토벤처럼 불치의 병으로 늘 고생하고 있었는데, 1816년에는 그의 외아들을 갑자기 잃었다. 베토벤은 그녀에게 1809년에는 두 편의 삼중주곡(작품 제70번)을, 1815-17년에는 바이올린을 위한 2대주명곡(작품 제200번)을 바쳤다.

*** 귓병 이외에도 그의 건강은 나날이 나빠졌다. 1816년 10월 이래 그는 염증성 카타르로 몹시 앓고 있었다. 1817년 여름에 의사는 그것을 폐병이라고 하였다. 그래서 1817-18년에는 이 가짜 폐결핵으로 인하여 매우 근심을 하였다. 그리고 1820-22년에는 심한 신경통을, 1821년에는 황달, 1823년에는 결막염을 앓았다.

**** 이 해부터 그의 음악에 작품 제101번을 비롯하여 스타일의 변화가 생겼다는 것은 주목할 만하다. 1만 페이지를 넘는 베토벤의 「회화수첩」은 현재 베를린 국립 도서관에 수집되어 있다.

터 벌써 무대 위의 형편을 그가 도무지 듣지 못한다는 것이 드러났다. 그는 템포를 상당히 느리게 하였다. 오케스트라는 그의 지휘봉을 따르고 있었으나 가수들은 제멋대로 서둘러 나갔다. 그리하여 전반적으로 혼란이 일어났다. 평상시의 지휘자 움라우프가 이유는 말하지 않고 잠시 휴식할 것을 제안하였다. 그리고, 가수들과 몇 마디 주고받는 의논이 있은 다음 연주를 다시 시작하였다. 또다시 같은 혼란이 일어났다. 두번째 다시금 휴식을 하는 수밖에 없었다. 베토벤의 지휘로 연주를 계속함은 불가능하리라는 것이 명백하였다.

그러나 그것을 어떻게 그에게 알릴 수가 있겠는가? '퇴장하게, 가엾은 베토벤, 자넨 지휘 못하겠네' 하고 말할 용기는 아무에게도 없었다. 베토벤은 불안한 마음이 들고 흥분되어서 좌우를 둘러보며 여러 사람의 얼굴 표정을 살피고, 어디서 잘못이 생겼는가를 알아보려고 하였다. 사방에는 침묵이 있을 뿐이었다. 갑자기 그는 위압적인 태도로 나를 불렀다. 내가 그의 곁으로 가자 그는 수첩을 내놓으며 적으라는 시늉을 하였다. 그래서 나는 이렇게 썼다. '연주를 계속하지 말게. 이유는 집에 돌아가서 설명하겠네.' 후닥닥 그는 관중석으로 뛰어내리면서 나에게 외쳤다. '어서 밖으로 나가세.' 그는 단숨에 집까지 달음질쳐 방 안으로 들어갔다. 그리곤 소파 위에 털썩 주저앉으며 두 손에 얼굴을 파묻은 채 식사 시간이 되기까지 그대로 있었다. 식탁에서도 말 한마디 하려 하지 않고 낙담해서 가장 깊은 고뇌의 표정을 짓고 있었다. 식사가 끝난 다음에 그를 남겨 두고 나오려고 하였더니 혼자 있고 싶지 않다고 하며 나를 붙들었다. 헤어질 때 그는 이과로 평판이 좋은 의사에게 갈 터이니 동행해 달라고 청하였다. 나의 베토벤의 모

◀ 베토벤의 조력자,
안톤 쉰들러.

든 교제 기간을 통하여 11월 그날의 숙명적인 하루에 비할 만한 날을 나는 기억 속에서 찾아볼 수 없다…… 그는 그날 마음속 깊이 타격을 받아 죽는 날까지 그 무서운 장면의 인상에서 벗어나지 못하였다."*

2년 후, 1824년 5월 7일에 「합창을 겸한 교향곡」, 즉 「제9교향곡」을 지휘하였을 때(라기보다는 차라리 그때의 프로그램에도 쓰여 있던 것처럼 '연주방침에 참여' 하였을 때), 박수로 떠나갈 듯한 장내 전체의 요란한 소리가 그에게는 전혀 들리지 않았다. 한 여가수가 그의 손을 붙잡아 관중석을 향하여 돌려세워 주어 청중들이 일어서서 모자를 휘두르며 박수 갈채를 하고 있는 광경을 눈앞에 보기까지는 그는 도무지 사태를 알지 못하였다.

1825년에 베토벤이 피아노를 치고 있는 것을 본 영국 사람 러셀의 이야기에 의하면, 베토벤이 피아노를 살그머니 치고 있을 때는 건반은 조금도 울리지 않았다고 한다. 그리고 그처럼 아무 소리도 나지 않는 가운데 베

---

* 쉰들러는 1819년 이후에 베토벤과 친밀해졌지만 그들이 교제를 시작한 것은 1814년부터였다. 그러나 베토벤은 그에게 우정을 갖기가 매우 어려웠다. 베토벤은 처음엔 그를 대수롭게 여기지 않고 멸시하는 태도로 대하였다.

▲ 멜러가 그린 두번째 베토벤 초상화. 1815년경.

토벤의 마음속에 우러나오는 감동이 그의 얼굴 표정과 힘있게 그러쥔 손가락에 나타나 있음을 보는 것은 가슴을 뭉클하게 하는 광경이었다고 한다.

자신의 테두리 속에 죽치고 들어앉아* 모든 사람들에게서 외따로 떨어져 있던 그는 다만 자연 속에서만 위안을 얻을 수 있었다. "자연은 그의 벗이었다"라고 테레제 폰 브룬스비크는 말하고 있다. 자연은 그의 안식처였다. 1815년에 그를 사귄 찰스 니트는 말하기를, 베토벤처럼 꽃이며 구름이며 자연의 만상을 완전히 사랑할 줄 아는 사람을 본 일이 없었다고 한다.** 자연에서 그는 살아가는 힘을 얻는 듯하였다 —— "아무도 나처럼 전원을 사랑할 수 있는 사람은 없다……" 이렇게 베토벤은 쓰고 있다. "나는 한 사람의 인간보다도 한 그루의 초목을 사랑한다……"

빈에서 그는 날마다 성곽을 돌아서 산책하였다. 전원에 있을 때는 새벽부터 밤까지 모자를 쓰지 않고 해가 뜨거나 비가 내리거나 홀로 정처없이 거닐었다. "전능하신 신이여! 숲속에 있으면 나는 행복합니다 —— 거기

---

* 베토벤의 귓병에 관한 바그너의 훌륭한 서술 참조(『베토벤』, 1870년).
** 베토벤은 동물을 사랑하고 불쌍히 여겼다. 역사가 폰 프림멜의 어머니가 말한 바에 의하면, 프림멜은 오랫동안 베토벤에 대하여 공연한 노여움을 품고 있었다는데, 그 이유는 어렸을 적에 그가 잡으려던 나비를 베토벤이 손수건으로 죄다 날려 버렸기 때문이라고 한다.

에서는 모든 나무들이 당신의 말씀을 이야기합니다 —— 신이여, 아아, 아름다와라! 이 숲속, 저 언덕 위의 —— 고요함이여 —— 당신을 섬기기 위한 고요함이여!"

 안절부절 못하는 그의 마음도 자연 속에서는 조금 숨을 돌릴 수가 있었다.* 그는 돈 걱정에 쪼들리고 있었다. 1818년에 그는 이렇게 쓰고 있다 —— "거의 비럭질을 해야 하게끔 되었으니, 일부러 군색하지 않은 척해야만 한다." 또 다른 데서는 "작품 제106번의 소나타는 궁색한 사정에서 쓰여진 것이다. 빵을 벌기 위해 작품을 써야 한다는 건 기막힌 노릇이다"라고 쓰기도 했다.

 슈포르에 의하면, 베토벤은 번번이 구두가 해어져서 외출할 수 없는 일이 있었다고 한다. 출판사에는 막대한 빚이 있었기 때문에 작품을 내어도 수입이라고는 조금도 없었다. 예약 출판을 한「장엄 미사곡」은 일곱 사람밖에 주문이 들어오지 않았다(그 중에 음악가는 한 사람도 없었다).** 그러나 작곡을 하는 데 석 달씩 공을 들인 그의 훌륭한 소나타들에 대해서는 겨우 30 두카텐이나 40 두카텐을 받았을 따름이다. 갈리친 공은 그에게 사중주곡, 작품 제127, 130, 132의 작곡을 시켰다. 이것들은 그의 작품들 중에서 가장 웅숭깊고 그의 피로 쓰여진 것 같은 작품들인데, 베토벤은 동전 한푼 받지 못하였다. 가사의 곤궁과 지급되지 않는 연금을 받기 위한, 또 조카 아이의 후견을 맡기 위한 지리한 소송 사건에 그는 몹시 시달리고

---

* 그는 언제나 자기의 처소를 흡족히 여기지 않았다. 35년 동안에 그는 빈에서 서른 번이나 이사를 하였다.

** 베토벤은 "그 시대의 음악가들 가운데서 그가 가장 높이 평가하고 있던" 케르비니에게 편지를 냈었다(놀,『베토벤 서간집』제250). 케르비니는 회답하지 않았다.

있었다. 조카는 1815년에 폐병으로 죽은 그의 동생 카를의 아들이었다.

그는 마음에 넘치고 있던 헌신적 애정의 욕망을 이 조카에게로 기울였던 것이다. 여기에서도 그는 가슴 쓰라린 괴로움을 겪어야만 하였다. 마치 일종의 '은총'이 끊임없이 그에게 불행을 새로이 하여 주고 더하여 주어, 그의 천재로 하여금 마음의 양식이 부족함이 없도록 보살펴 준 것 같다 —— 우선 그는 그에게서 카를을 빼앗아가려는 못된 어머니에게 소년을 넘겨 주지 않으려고 싸워야만 하였다.

"오오, 나의 신이여." 이렇게 그는 쓰고 있다. "나의 성채, 나의 방패, 나의 피난처여! 당신은 나의 마음속을 들여다보실 것이오니, 내게서 내 보배, 카를을 빼앗으려는 사람들의 마음을 상하게 하지 않을 수 없는 나의 괴로움을 당신은 아실 것입니다.* 내가 무어라고 불러야 할지 알 수 없는 실재자여, 나에게 귀를 기울이사, 당신이 창조하신 사람들 가운데서 가장 불행한 이 사람의 기도를 들어 주옵소서."

"오오, 신이여, 나를 도와 주소서! 내가 부정의와 타협하고자 하지 않음으로써 모든 사람들로부터 버림을 당하고 있음을 당신은 보실 것입니다. 나의 기도를 들어 주소서. 이후부터만이라도 나의 카를과 함께 살 수 있도록 하여 주소서! …… 아아, 무참하고 가혹한 운명! 아니다, 아니다, 나의 불행은 끝날 때가 없으리로다!"

그런데 그가 그처럼 사랑하던 조카녀석은 아저씨의 신뢰를 받을 수 없

---

* 또 슈트라이허 부인에게 보낸 편지에는 다음과 같은 구절이 있다. "나는 절대로 복수는 하지 않습니다. 다른 사람들과 대적하여 행동을 하지 않을 수 없을 때는 다만 내 몸을 보호하고 그들이 해를 가하지 못하게 하기 위해서 부득이 필요한 것만을 할 따름입니다."

게끔 행동했다. 베토벤이 그 조카와 주고 받은 편지는 미켈란젤로와 그 동생들의 편지처럼 서글프고 분한 심정을 쏟아 놓은 것인데 그보다도 더욱 소박하고 갸륵하다.

"또다시 나는 가장 짓궂은 망은의 되갚음을 받아야 하느냐? 우리들 사이의 모든 인연이 끊어져야 할 것이라면 그렇게 하려무나! 누구나 공정한 사람이 네 행실을 안다면 너를 멸시할 것이다…… 우리들을 매어 놓은 사랑의 끈이 너에게 그리도 짐스러운 것이라면 하나님 앞에 맹세하고 나는 하나님의 뜻에 순종하겠다. 나는 너를 천명에 맡기는 수밖에 없다. 내가 할 수 있는 일은 다하였다. 나는 안심하고 최후의 심판관 앞으로 나아갈 수 있을 것이다……"*

"그만큼 타락을 하였으니 이제는 솔직하고 정직한 사람이 되려고 힘써 보는 것이 어떠냐? 내게 대한 네 위선적 행실

▼ 1823년의 베토벤.
마르틴 테쳭의 수채화에 의한 스케치.

* 놀, 『베토벤 서간집』 제343.

◀ 1819년 여름과 1819년에
베토벤이 살았던 집.

때문에 내 마음은 너무나 썩었다. 그것을 잊기는 어려울 지경이다…… 내가 너와, 한심한 동생과, 염치 없는 가정을 멀리 떠나 버리고 싶다는 것은 하느님이 아신다…… 나는 다시는 너를 신용할 수 없다." 그리고 그는 이렇게 서명한다. "불행하게도 네 애비 된, 차라리 네 애비 아닌 베토벤."*

그러나 그는 곧 용서한다.

"내 사랑하는 아들아! —— 다시는 아무 말도 않겠다 —— 내 품 속으로 돌아오너라, 너에게 심한 말은 한마디도 하지 않을 테니까…… 변함 없는 사랑으로 너를 맞으리라. 네 장래를 위하여 해야 할 일을 다정하게 둘이서 의논하자 —— 아무런 책망도 하지 않을 것을 맹세한다! 그런 것이 무슨 소

---

* 놀, 『베토벤 서간집』 제314.

용이 있겠느냐. 내게서 너는 극진히 사랑의 보살핌과 도움을 기대해도 좋을 것이다 —— 오너라! —— 너의 아버지 —— 베토벤의 변함 없는 애정으로 돌아오너라 —— 이 편지를 받는 대로 곧 집으로 돌아오너라." (그리고 겉봉에는 프랑스어로 —— "네가 만약 돌아오지 않으면, 그건 나를 죽이는 것이 된다(Si vous ne viendrez pas, vous me tuerez sûrement).")*라고 쓰고 있다.

"제발 속이지 말아 다오." 이렇게 그는 애원한다. "언제까지나 나의 극진히 사랑하는 아들로 있어 다오! 사람들은 그렇게 말한다마는 진실로 네가 나에 대하여 위선을 부리고 있는 것이라면 그 무슨 괘씸한 짓이란 말이냐! …… 잘 있거라. 너를 낳아 준 아버지는 아니지만, 확실히 너를 길러 주고 너의 정신적 발육을 위하여 정성을 다해 온 내가 친아버지보다 더 극진한 사랑으로써 충심으로 바란다. 선과 정의의 길만이 옳은 길이니, 그 길을 밟도록 하여라. 너의 충실한 아버지."**

베토벤은 그의 조카가 지능도 떨어지지 않았기 때문에 대학 교육을 시키고자 하였고 또 조카의 장래를 위하여 별별 꿈을 다 그려 보았지만, 그는 결국 조카를 상인으로 만드는 데 동의하지 않을 수 없었다. 더구나 카를은 부랑자들과 사귀었으며, 빚까지 지고 있었다.

사람들의 상상 이상으로 흔히 있는 현상이지만 아저씨의 숭고한 마음씨는 조카에게 이롭기는커녕 도리어 해가 되었고 그를 성가시게 만들어 마침내 반항심을 일으키게까지 했으니, 조카가 말한 다음의 무서운 말에

---

* 놀, 『베토벤 서간집』 제370.
** 놀, 『베토벤 서간집』 제362-67. 최근 칼리셔가 베를린에서 발견한 한 장의 편지는 베토벤이 얼마나 열렬히 그의 조카를 "국가에 유용한 시민"으로 만들고자 하였던가 보여 주고 있다(1819년 2월 1일).

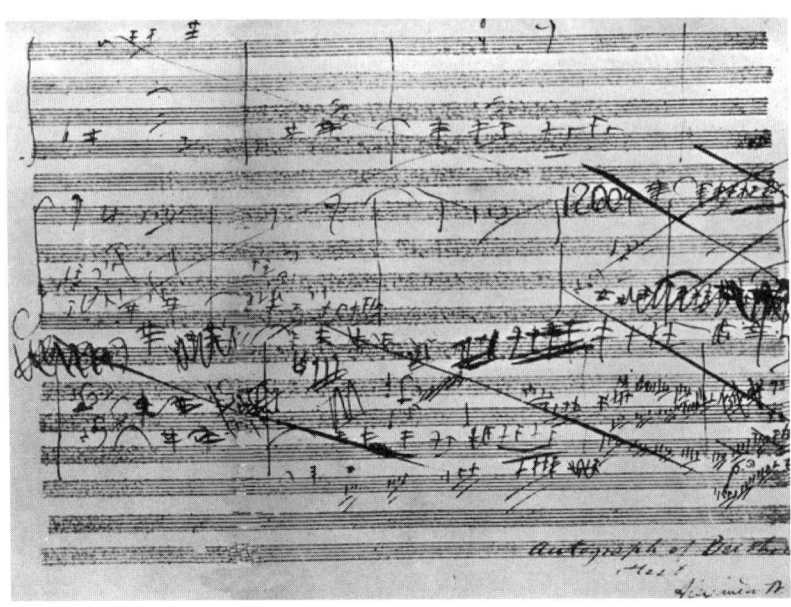

▲ 작품 제130번 현악사중주곡의 초안.

는 이 비참한 넋의 진상이 여실히 드러나 있는 것이다 —— "아저씨는 나를 좋은 사람으로 만들려고 했기 때문에 나는 더욱 나쁜 사람이 되었다."

    1826년에 급기야 이 조카는 자기의 머리에다 피스톨을 쏘았다. 그로 인하여 카를의 목숨이 끊어지지는 않았으나 마음속에 치명상을 입은 것은 베토벤이었다. 이 무서운 마음의 타격에서 그는 다시 일어나지 못하였다.* 카를은 완쾌되었다. 그는 살아서 마지막까지 베토벤의 속을 썩였으며, 베토벤의 죽음의 원인에도 결코 무관하다고는 할 수 없었건만, 그는 베토벤

---

   * 그때에 그를 만나 본 쉰들러가 말한 바에 의하면, 그는 갑자기 70세의 노인처럼 풀이 죽어 기운이 꺾이고 아무 기력도 없어 보였다. 카를이 죽었더라면 그도 죽고 말았을 것이다 —— 그후 며칠 만에 기어이 그는 세상을 떠났다.

의 임종 때에도 곁에 있지 않았다. "신은 여태까지 나를 버려 두시지 아니 하셨다." 이렇게 베토벤은 그보다 몇 해 전에 조카에게 편지를 썼다. "내가 죽을 때에도 내 눈을 감겨 줄 사람이 누구든 한 사람쯤은 있겠지." 그러나, 그것은 베토벤이 "자기의 아들"이라고 부르던 사람은 아니었던 것이다.*

*

베토벤이 '환희'를 찬양하려고 꾀한 것은 이러한 슬픔의 구렁 속에서 였다.

그것은 그의 전생애의 목적이었다. 1793년 그가 본에 있었을 적에 벌써 그는 그것을 생각하고 있었다.** 전생애를 통해서 그는 환희를 노래

---

* 현대의 딜레탕티즘은 이 고약한 자를 두둔하려는 경향도 없지 않으나, 그것은 그리 놀라운 일도 못 된다.

** 피셰니히로부터 샬로테 실러(시인 실러의 부인)에게 보낸 편지(1793년 1월). 실러의 시「환희에 바치는 송가」가 쓰여진 것은 1785년이다 ──「제9교향곡」에서 완성된 송가의 테마는 1808년의「피아노와 오케스트라와 합창을 위한 환상곡」(작품 제80번), 1810년의 작품, 괴테의 시「작은 꽃, 작은 꽃잎」(Kleine Blumen, Kleine Blätter)에 의한 가요곡에 벌써 나타나 있다 ── 본의 에리히 프리거 박사의 소유로 되어 있는 한 권의 노트에서「제7교향곡」의 초안과「맥베스 서곡」의 플랜 사이에 실러의 시를 음악 주제에 맞추려는 시도가 들어 있는 것을 나는 본 일이 있다. 이 주제는 후에 작품 제115번「명명일 축하」(Namensfeier)의 서곡에 사용되었다 ──「제9교향곡」의 기악 모티프의 어떤 것들은 1815년 이전에 벌써 나타나 있다.

그리고 '환희'의 결정적 테마는,「제9교향곡」의 다른 모든 테마도 그렇거니와, 1822년에 쓰여진 것이다. 다만 삼중창은 조금 뒤에 되었고, 뒤이어 안단테 모데라토, 맨 나중에 아다지오가 되었다.

실러의 시, 그리고 현대에 이르러서 그 시의 Freude(환희)라는 글자에 Freiheit(자유)라는 글자를 바꿔 놓아 설명하려고 한 그릇된 해석에 관하여서는『파주 리브르』(*Pages Libres*)(1905년 7월 8일)에 실린 샤를 앙드레르의 논문 참조.

하여 그것을 대작의 하나를 장식하는 면류관으로 삼고자 하였다. 일생 동안 그는 노래의 정확한 형식과 그것을 넣기에 합당한 작품을 찾으려고 고심하며 망설였다. 「제9교향곡」에서도 좀처럼 결정을 짓지 못하여 「환희에 바치는 송가」는 제10 혹은 제11교향곡으로 미루어 버릴까 하는 생각을 마지막 순간까지 가졌던 것이다.

「제9교향곡」의 제목이 사람들이 보통 부르듯이 「합창 교향곡」이라고 되어 있지 않고 「환희의 송가에 의하여 합창을 종곡으로 한 교향곡」이라고 되어 있다는 것은 주목할 필요가 있다. 이 교향곡은 전혀 다른 종결을 갖게 되었을지도 모르며, 또 하마터면 그렇게 될 뻔하였던 것이다. 1823년 7월에도 아직 베토벤은 이 작품에 기억만으로 된 종곡 —— 이것은 그 뒤 현악 사중주곡(작품 제132번)에 전용되었다 —— 을 붙일 생각을 가지고 있었다. 체르니와 존라이트너가 확언한 바에 의하면, 1824년 5월의 연주회가 있은 뒤에도 베토벤은 그 생각을 포기하지 않고 있었다.

교향곡에 합창을 넣는 것에는 여러 가지 기술상의 곤란한 점이 있었다. 베토벤의 수기며, 성악을 다른 방식으로 또는 이 작품의 다른 대목에 넣으려고 여러 가지로 시험을 하여 본 그의 허다한 시작(試作)이 그것을 증명하고 있다. "아다지오"의 둘째 멜로디의 초안*에 그는 이렇게 쓰고 있다. "아마도 여기에서 합창이 들어가는 것이 가장 좋을 것 같다." 그러나 그는 오케스트라를 포기할 결심이 서질 않는 것이었다. "어떤 악상이 마음속에 떠오를 때 나에게는 그것이 기악으로 들리지 성악으로 들리는 적은

---

* 베를린 도서관 소장.

없다"라고 그는 말했다. 그래서 그는 성악을 사용할 것을 최후의 순간까지 미루어 갔다. 그리하여 먼저 기악으로써 종곡*의 레치타티보뿐만 아니라 '환희'의 테마까지도 꾸미기로 했던 것이다.

그러나 그가 그처럼 오래오래 망설이며 미루었던 까닭을 좀더 캐어 볼 필요가 있다. 그 원인은 더욱 깊은 곳에 있는 것이다. 이 불행한 사람은 항상 '환희'의 극치를 노래하기를 갈망했으나, 해가 갈수록 선풍과 애수에 사로잡히게 되어 그

▲ 베토벤의 보청기와 제9번 교향곡 「합창」과 제3번 「영웅」의 자필악보.

의 과제를 미루어 가는 수밖에 없었으니, 생애의 최후에 이르러서야 비로소 그 목적을 달성할 수 있었던 것이다. 그렇지만 얼마나 위대하게 이루어졌는가!

'환희'의 테마가 나타나려고 하는 순간에 오케스트라는 갑자기 뚝 멎는다. 별안간 침묵이 내린다. 그것은 노래의 등장에 신비롭고 거룩한 성격을 부여한다. 진실로 이 테마는 하나의 신이라고 할 수 있는 것이다. 초자연적 정적에 둘러싸여서 '환희'는 하늘에서 내려온다. 가벼운 숨결로 환희는 고뇌를 어루만져 준다. 다시금 기운이 솟아오르는 마음속에 기쁨이 스며들 적에 그것이 주는 맨 첫인상은 한없이 따사로운 것이어서

---

* 마치 악보 아래 가사가 있는 것처럼(Also ganz so als ständen Worte darunter).

베토벤의 친구의 말과 같이 '그 부드러운 눈을 보면 울고 싶어진다.'

이윽고 테마가 성악으로 옮겨질 때는 우선 진중하고 다소 억압된 성격을 띤 저음으로서 나타난다. 그러나 차차 환희는 전체를 휘어잡아 버린다. 그것은 하나의 정복이다. 고뇌에 항거하는 투쟁이다. 그러자 행진의 리듬이 울린다. 행진하는 군대, 테너의 열렬하고 헐떡이는 노래, 그것은 베토벤 자신의 숨결이 들려오는 듯한 그 복받치는 부분이다. 폭풍우를 무릅쓰고 헤매는 늙은 리어 왕처럼, 미칠 듯이 벌판을 내달리면서 작곡하던 때의 그의 숨소리와 영감을 받은 부르짖음의 리듬이 들리는 듯하다. 전사적 환희에 뒤이어 종교적 황홀이 따른다. 그리고는 성스러운 대축제, 사랑의 열광, 인류 전체가 하늘로 팔을 뻗치고 우렁찬 아우성을 지르며 '환희'를 향하여 뛰어올라 그것을 품 안에 껴안는다.

범용한 빈의 청중도 이 거인적 작품에는 압도되었다. 빈의 경박함도 한때는 이 작품으로 인하여 뒤흔들렸다. 그러나 결국 유행은 거의 로시니와 이탈리아 가극으로 쏠리고 있었다. 베토벤은 굴욕과 슬픔을 머금고, 런던으로 이주하여 거기서「제9교향곡」을 연주하게 할 생각을 하고 있었다. 1809년처럼, 이번에도 그의 애호가인 몇몇 귀족들이 그가 조국을 떠나지 않도록 간원을 하였다. 그들은 이렇게 말하고 있었다.

"귀하께서 새로이 한 편의 종교 음악*을 작곡하시어, 귀하의 깊은 신앙심에서 우러나는 감정을 거기에 표현하셨다는 것을 우리들은 알고 있습니다. 귀하의 위대하신 넋에 흘러드는 초자연적 빛이 그 작품을 비추고 있

---

* D장조「장엄한 미사곡」(작품 제123번).

습니다. 우리들은 또 귀하의 대교향곡들의 꽃다발에는 새로이 한 송이 불멸의 꽃이 더하여졌다는 것도 알고 있습니다…… 지나간 몇 해 동안 귀하가 음악계에서 종적을 감추시어 귀하에게로 눈을 향하고 있던 사람들의 슬픔은 자못 컸던 것입니다.* 외래의 음악이 이 땅에 뿌리를 뻗으려 들며 독일 음악의 작품들을 망각 속으로 떨어뜨리고 있는 이때, 현존하는 모든 음악가들 중에서 지극히 높은 천재는 차라리 침묵을 지키고 있는 것이려니 생각하고 모두들 슬퍼하였던 것입니다…… 비록 유행은 어떠하다 해도 우리나라는 새로운 생명과 새로운 개화와 진(眞)과 선(善)의 새로운 군림을 오직 귀하에게서만 기대하고 있습니다. 머지 않아 우리들의 기대가 실현되리라는 희망을 우리들에게 베풀어 주소서…… 우리들을 위하여 또 전세계를 위하여 올해 봄은 귀하로 인해 이중으로 꽃피는 시절이 되기를 바라 마지않는 바입니다!"**

이 너그러운 호소는 당시 베토벤이 독일의 선량들 사이에서 비단 예술가로서뿐만 아니라 정신적으로도 얼마나 높은 권위를 가지고 있었던가를 증빙하고 있다. 그의 찬탄자들이 그의 천재를 찬양하려고 할 때, 맨 먼저 그들의 머리에 떠오르는 말은 지식이란 말도 아니고, 예술이란 말도 아니고, 바로 신앙이란 말이었던 것이다.***

---

* 집안의 시끄러운 일, 빈곤, 그 밖의 여러 가지 걱정에 몰려서 1816년부터 1821년까지의 다섯 해 동안에 그는 피아노를 위한 세 작품(제101번, 102번, 106번)밖에 쓰지 못했다. 베토벤의 밑천이 드러났다고 그의 적들은 말하고 있었다. 1821년에 그는 다시 쓰기 시작하였다.
** 1824년 2월. 서명자들은 공작 C. 리히노프스키, 백작 모리스 리히노프스키, 백작 모리츠 폰 프리스, 백작 디트리히슈타인, 백작 팔피, 백작 체르닌, 츠메스칼, 키제비터 등이다.
*** "나의 도덕적 성격은 천하가 아는 사실일 뿐 아니라 바이젠바흐 같은 우수한 문필가가 그것에 관하여 글을 쓰기까지 하였습니다." 이렇게 베토벤은 1819년 2월 1일에 그의 조카의 후견을 요

이 간원을 받고 베토벤은 깊이 감동되었다. 그는 빈에 눌러 있기로 결심하였다. 1824년 5월 7일에 빈에서「장엄 미사곡」과「제9교향곡」이 초연되었다. 성공은 굉장하여 거의 소요가 일어나다시피 하였다. 베토벤이 무대에 나타났을 때에는 열렬한 갈채를 다섯 번이나 받았다. 예의지국인 이 나라에서는 황실의 내빈을 맞을 때라도 갈채를 세 번밖에는 하지 않는다. 경찰이 소요를 진압하지 않으면 안 되었다.「제9교향곡」은 열광적 감격을 몰고왔다. 많은 사람들이 눈물을 흘리고 있었다. 베토벤은 연주회가 끝난 뒤에 감격한 나머지 기절을 하였다. 사람들이 그를 쉰들러의 집으로 실어 갔다. 거기에서 베토벤은 옷을 입은 채, 먹지도 않고 마시지도 않고 밤새도록 이튿날 아침 나절까지 옅은 잠이 들어 있었다.

　그러나 이와 같은 승리도 일시적이었다. 그리고 실제적 효과는 전혀 없었다. 음악회에서 들어온 수입은 한푼도 없었다. 물질적 곤궁은 조금도 변함이 없었다. 여전히 그는 가난했고 병에 시달렸고* 외로웠다 ── 그러나 이제는 승리자였다** ── 사람들의 범용함을 이긴 승리자, 자기

　구하기 위해서 빈 시당국에 보낸 편지에 자랑스럽게 쓰고 있다.
* 1824년 8월에 그는 무슨 발작으로 인하여 급작스럽게 죽지나 않을까 하는 강박관념에 사로잡혀 있었다. "내가 그렇게도 많이 닮은 나의 그리운 할아버지처럼 나도 급사할 것만 같습니다." 이렇게 그는 의사인 바흐에게 1824년 8월 1일에 쓰고 있다.
　그는 또 위병으로 몹시 고생하고 있었다. 1824년에서 1825년에 걸친 겨울에는 병세가 몹시 악화되었다. 1825년 5월에는 각혈을 하고 코피를 쏟는 일이 가끔 있었다. 1825년 7월 9일 그는 조카에게 "나는 극도로 몸이 쇠약해져 가고 있다…… 낯을 든 자(죽음)가 올 때도 멀지 않았나 보다"라고 편지를 쓰고 있다.
**「제9교향곡」이 독일에서 처음으로 연주된 것은 1825년 4월 1일에 프랑크푸르트에서였다. 런던에서는 이미 1825년 3월 25일에, 파리에서는 1831년 3월 27일에 콩세르바투아르에서 초연되었다. 1826년 11월 4일, 그때 열일곱 살 되던 멘델스존은 베를린의 예거할레에서 이 작품을 피아노로 소개하였다. 당시 라이프치히 대학에서 공부하고 있던 바그너는「제9교향곡」의 악보를

자신의 운명과 고뇌를 극복한 승리자였다.

"생활의 하잘것없는 노릇을 항상 너의 예술에 희생하라! 무엇보다도 신은 높은 것이니!"(O Gott über alles!)

*

그리하여 그는 그의 전생애의 목표를 붙잡았다. '환희'를 붙들었다 —— 폭풍 위에 우뚝 솟은 넋의 절정에 그는 과연 끝끝내 머물러 있을 수 있을 것인가? 확실히 그는 여러 번 예전의 고민 속으로 다시금 떨어지지 않을 수 없었던 것이다. 그래서 그의 최종 작품인 현악 사중주곡들에는 야릇한 어둠이 가득 차 있는 것이다. 그러나 「제9교향곡」의 승리는 그의 마음속에 영광스러운 자취를 남긴 듯하다. 장래를 위해서* 그가 가지고 있던 계획 ——「제10교향곡」,**「바흐의 이름에 의한 서곡」, 그릴파르처의 극시

전부 자기 손으로 베꼈다. 출판자 쇼트에게 보낸 1830년 10월 6일의 편지에서 바그너는 이 교향곡을 피아노곡으로 편곡한 것을 제공하겠다는 말을 하고 있다. 「제9교향곡」은 실로 바그너의 일생을 결정한 것이라 할 수 있는 것이다.

* "아폴로와 뮤즈들은 아직도 나를 사신(死神)에게 내맡기려고 하지는 않겠지요. 나에게는 아직 이 예술의 신들에게 해드려야 할 일이 많이 남았으니까요. 저승으로 떠나기 전에 나는 '신령'이 나에게 영감을 내리어 완성하라고 명하는 것을 성취해 놓아야 하겠습니다. 지금까지 나는 음악이라고 할 수 있는 것을 별로 쓰지도 못한 것 같은 생각이 듭니다"(쇼트 형제에게 1824년 9월 17일, 놀, 『베토벤 속 서간집』 제272).

** 1827년 3월 18일에 베토벤은 모셀레스에게 쓰고 있다. "초안이 다 된 새로운 교향곡이 하나 신작 서곡과 함께 내 책상 서랍 속에 들어 있습니다." 이 초안은 그 뒤 발견되지 않았다. 다만 수기에 다음과 같이 쓰여 있는 것을 볼 수 있을 따름입니다. "Adagio cantique(송가적 후렴부)—— 고대 양식으로 된 교향곡을 위한 종교가곡, '주님이신 신이여, 우리는 당신을 찬양하옵니다. 할

「멜류지네」를 위한 음악,* 쾨르너의 「오디세우스」와 괴테의 「파우스트」를 위한 음악,** 구약성서의 「사울과 다윗」의 이야기에 의한 종교음악 등은 베토벤의 정신이 바흐라든가 헨델 같은 옛 독일의 거장들의 그 힘차고도 청량한 경지로 향하여 —— 또한 남방의 밝은 빛, 남부 프랑스 혹은 그가 편력하기를 꿈꾸고 있던 이탈리아로 향하여*** 끌리고 있었음을 증명하고 있다.

1826년에 그를 만나 본 스필러 박사는 베토벤의 표정이 즐겁고 쾌활해 보였다고 말하고 있다. 같은 해에 그릴파르처와 베토벤이 최후로 이야

렐루야'(Herr Gott dich loben wir, Halleluja). 독립된 형식으로 하든가 혹은 푸가의 도입부로 하든가 이 교향곡은 피날레 또는 아다지오에서부터 성악이 들어간다는 것을 그 특징으로 할 수 있을 것이다. 오케스트라의 바이올린 등속은 마지막 악장에서 10배로 한다. 거기에서 성악이 하나씩 들어가게 한다든가 혹은 아다지오를 반복하는 식으로 한다든가 하는 것이다. 아다지오의 텍스트는 신화 또는 성가. 알레그로에서는 바쿠스의 축전"(1818년).

이처럼 종곡을 합창으로 한다는 것은 본래는 「제10교향곡」에 사용하려던 것이었고 「제9교향곡」을 위한 것은 아니었다. 그후에 베토벤이 말한 바에 의하면, 그는 「제10교향곡」에서 괴테가 「파우스트」의 제2부에서 해보려고 한 것, 즉 근대 세계와 고대 세계와의 화해를 이루어 보고자 하였던 것이라 한다.

* 주제는 어떤 선녀에게 반하여 사로잡힌 몸이 된 기사가 잃어 버린 자유에 대한 노스탤지어를 느껴 고민하는 이야기의 전설이다. 이 시와 탄호이저의 그것과는 비슷한 점이 없지 않다. 베토벤은 1823년부터 1826년까지 이 「멜류지네」의 작곡에 전념하고 있었다(V. 에르하르트, 『프란츠 그릴파르처』(1990년) 참조).

** 1808년부터 베토벤은 「파우스트」의 음악을 쓸 계획을 가지고 있었다. 「파우스트」의 제1부가 1807년 가을에 '비극'이라는 표제로 발표된 참이었다. 이 계획은 당시 그가 가장 중요시했던 계획이었다(Was mir und der Kunst das Höchste ist).

*** "프랑스의 남부, 그리로 가자! 그리로!(Südliches Frankreich, dahin! dahin!)"(베를린 도서관에 있는 「회화수첩」) —— "……이곳을 떠나자. 그럼으로써만 너는 다시금 네 예술의 높은 영역에 올라갈 수 있으리라…… 교향곡을 하나만 더 쓰고는 출발이다. 출발, 출발이다…… 여름 동안에 일을 하여 여비를 벌어 가지고…… 이탈리아를, 시칠리아 섬을 몇몇 예술가들과 함께 편력하자"(베를린 도서관에 있는 「회화수첩」).

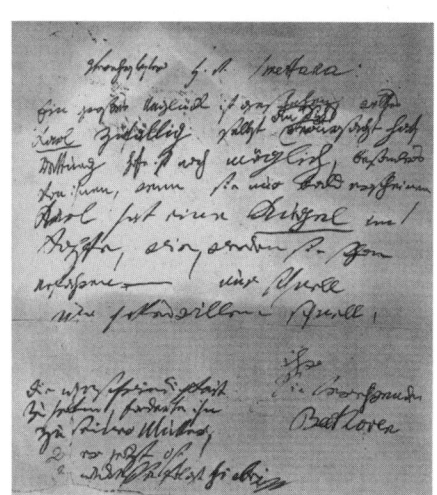

◀ 닥터 카를 폰 스메타나에게
보낸 베토벤의 편지

기를 하였을 때 풀이 꺾인 이 시인에게 다시 원기를 불어넣어 준 것은 베토벤이었다. 그릴파르처는 말하였다. "아아! 당신의 힘과 꿋꿋한 의지의 천분의 일이라도 내게 있었으면!" 괴로운 시대였다. 왕정복고의 반동 세력이 사람들의 정신을 억누르고 있었다. 그릴파르처는 한탄하였다. "검열이 나를 꼼짝할 수 없게 하였다. 자유롭게 말도 하고 생각도 하려면 북아메리카로 가는 수밖에 없다."

그러나 어떠한 세력일지라도 베토벤의 사상에 굴레를 씌울 수는 없는 일이었다. "말은 얽매어 있습니다. 그러나 다행히 소리는 자유롭습니다." 이렇게 시인 쿠프너는 그에게 보낸 편지에 쓰고 있다. 베토벤은 구속받지 않은 —— 아마도 당시의 독일 사상계의 유일하였던 —— 위대한 목소리인 것이다. 그는 그것을 느끼고 있었다. 그는 자기에게 지워진 의무에 관하여 이야기하는 일이 많았다. 그것은 자기의 예술을 통해서 '가련한 인류를 위하여',

'미래의 인류를 위하여' 행동하고, 인류에게 선을 행하고 북돋워 주고, 인류의 잠을 흔들어 깨우쳐 주고, 그 비겁함을 채찍질해 준다는 의무였다.

조카에게 보낸 편지에 그는 이렇게 쓰고 있다 —— "우리들의 시대는 거지 같은 초라한 넋을 가진 인간들을 채찍질하기 위해서 건전한 정신들을 요구하고 있다." 1827년에 밀러 박사는 말하였다. "정부며 경찰이며 귀족 계급에 관하여 베토벤은 늘 자기의 의견을 공공연하게 말했다. 경찰에서는 그것을 알고 있었으나 그의 비평과 풍자를 별로 폐해가 되지 않는 몽상으로 여겨 눈감아 주었다. 그리하여 특출한 천재를 가진 사람을 경찰은 방임하였던 것이다."*

이처럼 아무도 이 굽힘 없는 힘을 억압할 수는 없었다. 이 힘은 이제는 고뇌를 희롱으로 대하고 있는 것 같았다. 최종 만년에 쓰여진 작품들은 괴로운 환경 속에서 제작되었음에도 불구하고** 흔히 암시와 장쾌한 모멸이 전혀 새로운 성격을 자아내고 있다. 죽음을 4개월 앞두고 1826년 12월에 끝마친 최후의 악장, 즉 현악 사중주곡(작품 제130번)의 새로이 쓰여진 종

---

* 1819년에 그는 하마터면 경찰의 말썽거리가 될 뻔하였다. 이유는 그가 "그리스도는 결국 십자가에 못박혀 죽은 유대 사람에 지나지 않는다"고 너무나 큰소리로 말한 때문이었다. 그런데 그때 그는 「장엄 미사곡」을 쓰고 있었던 것이다. 그것만 봐도 그의 종교적 영감이라는 것이 극히 활달한 것이었음을 알기에 족하다. 베토벤의 종교적 견해에 관해서는 테오도르 폰 프림멜, 『베토벤』 제3판과 『베토벤 연구자료』(게오르크 밀러 출판사 발행) 제2권 블뢰칭거(Blöchinger)의 장(章) 참조할 것 —— 베토벤은 정치에 관해서도 또한 자유롭게 정부당국의 결점을 기탄없이 비평하였다. 특히 그가 비난한 것은 기다란 소송 수속 때문에 거추장스럽고 강압적이며 비굴한 재판제도, 경찰권의 남용, 개인의 창의를 말살하고 행동을 속박하는 몰상식하고 무능한 관료주의, 가장 높은 지위를 차지하기에 급급하는 피폐한 귀족 계급의 특권 따위였다. 당시 베토벤의 정치적 동정은 영국으로 쏠리고 있었던 듯하다.

** 베토벤의 조카의 자살 미수.

곡은 지극히 즐겁다. 진실로 이 즐거움은 누구나 가질 수 있는 즐거움이 아니다. 때로는 모셸레스가 말한 것처럼 거칠고 돌발적인 웃음인가 하면, 때로는 또 그것은 갖은 고난을 극복하여 얻은 감격적 미소인 것이다. 하여튼 그는 승리자이다. 이제는 죽음의 존재를 믿지 않게 되었다.

그러나 죽음은 닥쳐오고 있었다. 1826년 11월에 그는 늑막염성 감기에 걸렸다. 조카의 장래를 안정시켜 주기 위해서 겨울에 여행을 떠났다가 돌아와 병석에 눕게 되었다.* 그의 친구들은 멀리 떨어져 있었다. 의사를 불러 달라고 조카에게 부탁했으나, 이 한심한 녀석은 심부름을 잊어 버리고 이튿날이 되어서야 겨우 그것을 생각해 냈다. 의사는 뒤늦게 와서 베토벤을 소홀히 다루었다. 석 달 동안을 그의 장사 같은 체질은 병마와 싸웠다. 1827년 1월 3일에 그는 극진히 사랑하던 조카를 자신의 유산 상속자로 지정하였다.

그리고 라인 강변의 친구들을 생각하고 다시금 베겔러에게 편지를 썼다. "……얼마나 나는 자네에게 말하고 싶은지 모르네! 그러나 기력이 없네. 다만 나는 자네와 자네의 로르헨을 마음속으로 껴안을 수 있을 뿐이네." 영국의 몇몇 친구들의 호의가 없었던들 그의 최후의 순간은 불행으로 암담하게 되었을지도 모른다. 그는 매우 유순하고 참을성이 있

---

* 클로츠 포레스트 박사의 논문 「베토벤의 최후의 병과 죽음」(『의학 시보』 1906년 4월 1일, 15일 호 참조) ──「회화수첩」에는 의사의 질문이 적혀 있어 그것으로 꽤 정확한 사정을 알 수가 있다. 또 의사(바우루흐 박사) 자신이 쓴 "베토벤의 생애의 마지막 나날의 의학적 성찰"(1827년 5월 20일)이라는 일문도 참고가 된다.
이 병에는 두 단계가 있었다. 첫째, 폐에 병상이 나타났다가 엿새 후에 가라앉은 듯하다. "이레만에 그는 기분이 좋아져서 일어나 걷기도 하고 읽기도 하고 쓰기도 할 만큼 되었다." 둘째, 혈액순환의 고장이 겹친 소화기 계통의 병상. "여드레째 되는 날 전신이 누렇게 되어 그가 도무지

▲ 베토벤의 장례식.

었다.* 죽음이 가까워 왔을 무렵, 1827년 2월 17일에 세 번이나 수술을 받고 네번째의 수술**을 기다리면서 베토벤은 명랑한 기분으로 쓰고 있

> 기력이 없는 것을 나는 보았다. 격심한 구토, 설사의 발작으로 인하여 하마터면 그날 밤을 넘기지 못할 뻔했다. 이때부터 물집이 생겼다. 이 재발에는 자세히는 알 수 없으나 무슨 정신적 원인이 있었다. 그의 마음을 상하게 한 어떤 사람의 망은적 태도와 부당하게 받은 모욕에 대한 격분과 통탄이 원인이 되어 갑자기 병세는 악화되었다"라고 바우루흐 박사는 말하고 있다. "부들부들 떨면서 그는 창자를 후비는 격통으로 몸을 구부리고 있었다."
> 이러한 여러 가지 관찰을 요약하여 클로츠 포레스트 박사는 폐충혈의 발작이 일어난 뒤에 간장의 위축 경화로 인하여 복수병과 발, 다리의 종기가 생기게 된 것이라고 진찰하고 있다. 또 그렇게 된 것은 베토벤이 알코올 음료를 과음한 탓도 있다고 그는 보고 있다. 이것은 이미 말파티 박사의 의견이었다. '앉기만 하면 마셨다'(sedebat et bibebat).

* 성악가 루트비히 크라몰리니는 최근에 출판된 『회상기』에서 그가 병석에 누워 있는 베토벤을 찾아갔을 때의 그 감동적이었던 방문을 이야기하고 있는데, 그때 베토벤은 눈물겨울 만큼 명랑하고 친절한 태도를 보였다는 것이다(1907년 9월 29일의 신문 『프랑크푸르트 차이퉁』 (Fankfurter zeitung) 참조).
** 수술은 12월 20일, 1월 8일, 2월 2일, 그리고 2월 27일에 있었다——이 가엾은 사나이는 죽음의 자리에서 빈대에 물려 고생을 하고 있었다(게르하르트 폰 부로이닝의 편지).

다 ─ "인내하면서 나는 생각한다, 모든 불행 뒤에는 반드시 좋은 일이 따르는 법이라고."

그 좋은 일이란 죽음의 해방이었다. 운명하던 때에 그가 말한 바에 의하면, '희극의 종결'이었다 ─ 차라리 우리는 말하리라. "그의 전생애의 비극의 종결"이라고.

그가 숨을 거두었을 때는 바람 불고 눈보라 휘날리는 가운데 우뢰 소리가 요란하게 천지를 울리고 있었다. 그의 눈을 감겨 준 것은 아무 인연도 없는 알지 못하는 사람의 손이었다(1827년 3월 26일).*

▲ 에르되디 백작부인.

---

* 젊은 음악가 안젤름 휘텐브렌너를 말한다.
"하나님은 찬미를 받을지어다!" 이렇게 부로이닝은 쓰고 있다. "고생스러웠던 이 기나긴 수난의 일생을 하나님께서 마감하여 주신 것을 감사하자."
베토벤의 원고, 장서, 가구들은 경매에 붙여져 1천 5백 75플로린에 팔렸다. 목록에는 원고가 2백 52편, 그리고 음악 서적이 있었는데, 이것들은 9백 82플로린 37크로이처를 넘지 못하였다. 「회화수첩」들과 「일기」들은 1플로린 20크로이처에 팔렸다. 베토벤의 장서에는 다음과 같은 것들이 있었다. 칸트 『자연과학과 천문학 이론』, 보데 『천체지식입문』, 토마스 아 켐피스 『그리스도를 본받아서』, 또한 검열관이 압수한 것으로는 조이메 『시라쿠스 여행기』, 코제브 『귀족론』, 페슬러 『종교 및 교회에 관한 소견』 등이 있다.

*

　친애하는 베토벤! 그의 예술가로서의 위대성은 이미 많은 사람들이 찬양한 바이다. 그러나 그는 첫손 꼽히는 음악가라기보다는 훨씬 더 그 이상의 존재이다. 베토벤은 근대 예술의 가장 영웅적인 힘이다. 그는 괴로움을 겪으며 싸우는 사람들의 가장 친근한 친구이다. 세정의 비참함으로 인하여 우리들의 마음이 서글픔을 금할 수 없을 때에, 그는 우리들 곁으로 와 주는 사람이다 —— 사랑하는 이를 잃은 아픔에 잠긴 어떤 어머니의 피아노 앞에 와 앉아 아무 말 없이 그 임종의 애곡으로 울고 있는 여인을 위로하였던 것처럼, 그리고 우리가 악덕과 도덕의 속됨을 거슬러서 보람없이 항거하는 끝없는 싸움에 지쳐 있을 때, 이 베토벤의 의지와 신념의 바다 속에 몸을 잠그는 것은 뭐라 말할 수 없는 위안이다. 그에게서는 용기와 싸우는 것의 행복*과 내심에 신을 느끼고 있는 의식의 취할 듯한 감각이 풍겨온다. 그는 항상 자연과 융합하고 있는 가운데,** 마침내 자연의 깊은 정력들과 동화될 수 있는 듯하다. 일종의 두려움 섞인 찬탄을 베토벤에게 바치고 있던 그릴파르처는 그에 관해서 이렇게 말하였다 —— "그는 예술이 야성

---

* "무엇이든 어려운 일을 극복할 때마다 나는 행복을 느낍니다."(「불멸의 연인에게 보낸 편지」)—— "인생을 천 배로 살 수 있다면…… 나는 평온한 생활을 하게 마련된 사람은 아니다." (베겔러에게, 1801년 11월 16일).

** "베토벤 선생은 나에게 자연의 지식을 가르쳐 주셨다. 선생은 나의 음악 연구를 지도하신 것처럼 자연 연구에 있어서도 나를 지도하여 주셨다. 그의 마음을 잡아 끌었던 것은 자연의 법칙들이 아니고 자연의 그 기본적 힘이었다"(쉰들러).

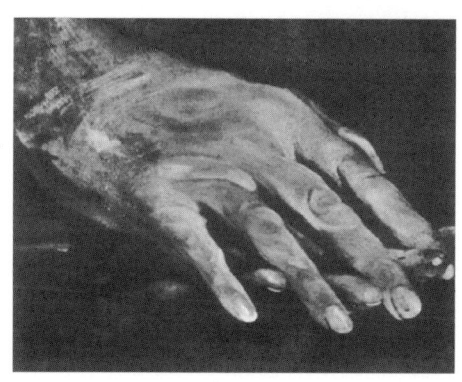

◀ 요셉 단하우저가
스케치한 베토벤의 손.

적이며 방일한 뭇 요소와 융합하는 가공할 만한 경지에까지 이르렀다."

슈만도 「제5교향곡」에 관해서 같은 말을 하고 있다 —— "이 작품은 아무리 여러 번 들어도 언제나 우리들에게 변함없는 힘을 준다. 마치 자연 현상들이 아무리 빈번히 일어날지라도 그것은 항상 우리들의 마음을 두려움과 놀라움으로써 채워 주는 것처럼." 또 베토벤의 절친한 친구였던 쉴러는 "그는 자연의 넋을 붙들었다"라고 말하였다. 그것은 사실이다. 베토벤은 하나의 자연의 힘인 것이다. 그리고 이 한낱 원소적 정력이 그 밖의 모든 자연의 세력을 상대로 하는 싸움이야말로 호메로스적인 웅장함을 가진 광경이다.

그의 전생애는 폭풍우의 하루와 흡사하다 —— 처음에는 맑게 개인 화창한 아침. 부드러운 산들바람이 부는 듯 마는 듯, 그러나 벌써 거침 없는 대기 속에 은은한 위협과 무겁게 뒤덮이는 예감. 갑자기 커다란 그림자가 지나가고 비극적 뇌성, 술렁거리는 무거운 정적에 뒤이어 「영웅」, 「제5교향곡」의 휘몰아치는 바람. 그러나 한낮의 맑은 빛은 그로 인하여 흐려짐이 없다. 기쁨은 여전히 기쁨이요, 슬픔은 꾸준히 희망을 갖고 있다.

그러나 1810년 이후 넋의 균형은 깨어진다. 빛은 야릇하게 변한다. 가장 명랑한 사상들로부터조차 수증기 같은 그 무엇이 떠오르는 것을 보게 된다. 그것들은 흩어졌다가는 다시금 뭉쳐져서 난데없이 우울한 어지러움으로 마음에 어두운 그림자를 던진다. 가끔 음악적 상념이 안개 속으로부터 한두 번 솟아올랐다가 다시금 잠기어 까마득히 사라지고 만 것처럼 보인다. 그러나 그것은 맨 나중에 이르러서 다시 한번 그때는 돌풍을 타고 나타나게 될 것이다. 지금은 즐거움까지도 거칠고 야성적인 성격을 띠었다. 열기와 독기가 모두 감정에 섞여든다.* 어둠이 내림에 따라 풍운은 몰려온다. 그러더니 보라! 번개가 번쩍거리고 폭풍우를 실은 저 컴컴하고 무거운 구름들 ──「제9교향곡」의 첫 부분. 갑자기 큰 선풍이 최고조에 다다른 가운데 어둠이 찢어지고 밤이 하늘로부터 쫓겨나니, 이리하여 의지의 행위로써 낮은 명랑함이 회복되는 것이다.

어떤 정복이, 보나파르트의 어떤 전투가, 아우스테를리츠의 그 어떤 태양이 초인적 노력과 이 승리 ── 일찍이 '정신'이 싸워 얻은 가장 찬란한 이 승리의 영광에 필적할 수 있으리요! 불행하고 가난하고 불구이고 고독한 사람, 마치 고뇌로써 빚어진 것 같은 사람, 세상에서 기쁨을 거절당한 그 사람이 스스로 '환희'를 창조한다 ── 그것을 세상 사람들에게 나누어 주려고 그는 자기의 불행으로 '환희'를 만들어 낸다. 그것은 그가 다음과 같은 자랑스러운 말로 표현한 바와 같거니와, 이 말에 그의 생애는 요약되

---

* "아, 인생은 아름답기도 하다. 그러나 나의 인생에서는 영원히 쓰디쓴 독기가 빠질 길 없다 (vergiftet)"(베겔러에게, 1810년 5월 2일).

어 있는 것이며, 이 말은 또한 영웅적인 모든 넋의 금언이기도 한 것이다. "괴로움을 뛰어넘어 기쁨으로!"(Durch Leiden Freude).

(1815년 10월 19일, 에르되디 백작부인에게)

하일리겐슈타트의 유서

나의 동생 카를(요한)에게.
내가 죽은 뒤에 읽고 실행하도록.

한 사 람, 한 사 람

(1814년 9월 21일, 리히노프스키에게)

나의 동생 카를(요한)* 베토벤에게

오오, 너희들 —— 나를 원망 많고 허황하고 사람을 싫어한다고 생각하거나 또 남에게 그렇게 말하는 사람들아, 그게 얼마나 부당한 것인가! 내가 그렇게 보이는 숨은 이유를 너희들은 모른다! 내 마음과 정신은 어렸을 적부터 착한 것을 좋아하는 부드러운 감정으로 쏠렸다. 위대한 행위를 이루어 보고자 하는 마음까지 나는 늘 가지고 있었다. 그러나 생각만이라도 해 보라, 6년 이래 내 처지가 얼마나 처참했는가를! 주책없는 의사들 때문에 병세는 더해졌고 행여나 나아질까 하던 희망은 헛되기만 해 결국 병이 오래 가리라는 것을 인정하지 않을 수 없게 되었다 —— 이 병이 나으려면, 비록 전혀 불가능하지는 않다손 치더라도, 적어도 여러 해가 걸려야 할

---

* 베토벤은 원문에는 '요한'의 이름을 적는 것을 잊어 버린 것 같다. 원문에 밑줄을 그은 부분은 번역에서 고딕체로 표기했다.

것이다. 열렬하고 쾌활하며 사교도 곧잘 즐길 수 있는 성질을 타고났건만, 일찍부터 나는 사람들을 멀리 떠나 고독한 생활을 하지 않으면 안 되었다. 어쩌다가 그러한 모든 고난을 박차 버릴라치면, 오오, 얼마나 무참하게 내가 불구자라는 것을 새삼스럽게 깨닫는 슬픔에 부닥쳤던가! 그렇지만 사람들에게 ── "좀더 큰 목소리로 말해 주시오. 고함을 질러 주시오!" 하고 말할 수는 없는 노릇이었다. 아아! 다른 사람들에게 있어서보다도 나에게 있어서는 더 완벽해야 할 그 감각, 예전에는 내가 완전 무결하게 가지고 있었던 그 감각, 확실히 예전에는 나와 같은 직업에 종사하는 사람들이라 해도 그렇게 완벽하기는 드물었을 만큼 완벽하게 내가 가지고 있었던 그 감각의 결함을 어떻게 사람들에게 드러낼 수가 있겠는가?── 오오, 그것은 나로서는 못할 일이다! ── 그러므로 너희들의 동아리에 섞이고는 싶으면서도 외따로 떨어져 살고 있는 나를 용서해 다오. 그 때문에 나는 오해를 받아야 하는 까닭에 이 불행은 이중으로 나에게 괴로운 것이다. 사람들과 사귄다든가, 자상한 이야기를 속삭인다든가, 서로 심경을 토로한다든가, 그러한 것을 즐겨 본다는 것은 나에게는 허용되지 않는다. 나는 고독하다, 참으로 고독하다. 부득이한 경우라야만 나는 세상 사람들 사이로 나간다. 마치 쫓겨난 사람처럼 살아 갈 수밖에 없는 것이다. 사람들이 모인 자리에 가까이 가면, 내 병세를 남들이 알아차리게 되지나 않을까 하는 무서운 불안에 사로잡혀 버린다.

지난 여섯 달 동안을 내가 시골에서 보낸 것도 그 때문이었다. 될 수 있는 대로 청각을 정양하라는 현명한 의사의 권고를 받았던 것인데, 그것은 내 스스로 원하던 바이기도 했다. 그러나 여러 번 나는 사람들과 사귀기

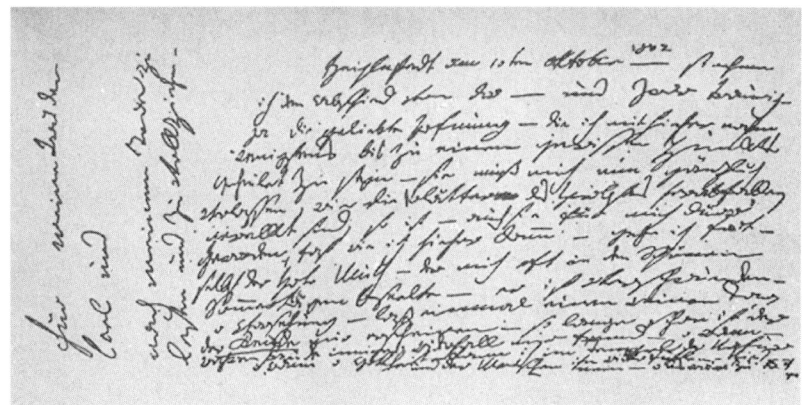

▲ 하일리겐슈타트의 유서.

즐겨하는 내 성미에 못 이겨, 사람들의 모임에 발을 들여놓은 일이 있었다. 하지만 내 옆의 사람은 멀리서 들려오는 피리 소리를 듣고 있는데 나는 아무것도 들을 수 없다든가, 또 그 사람은 양치는 목자의 노랫소리를 듣고 있는데 내게는 여전히 아무것도 들리지 않을 적에, 그 굴욕감은 어떠하였으리랴!* 그러한 경험들로 말미암아 나는 거의 절망하기에 이르렀다. 하마터면 나는 스스로 내 목숨을 끊어 버릴 뻔하였다 ── 그것을 제지하여 준 것은

---

* 이 비통한 하소연에 관해서 나는 한 가지 주목할 만한 점 ── 이것은 지금까지 한 번도 지적되지 않은 사실인 것 같다 ── 을 말해 두고자 한다. 「전원 교향곡」의 제2악장 끝에서, 오케스트라가 꾀꼬리며 뻐꾸기며 메추라기의 노래를 들려 주는 것은 누구나 아는 사실이다. 그리고 이 교향곡은 거의 전곡이 자연의 노래와 속삭임으로 엮어져 있는 것이라 할 수 있다. 자연음을 모방한 이러한 음악적 시도를 시인할 것인가 아닌가 하는 문제에 대해 미학자들의 많은 논란이 있었다. 그러나 베토벤이 아무것도 들을 수 없었으므로 그는 결코 모방한 것이 아니라는 것을 주목한 사람은 하나도 없다. 베토벤은 그에게서 사라져 버린 하나의 세계를 그의 정신 속에 재창조하였던 것이다. 새들의 노랫소리의 그 표현이 그처럼 감동적인 것은 바로 그 때문이다. 새들의 노래를 듣기 위하여 베토벤에게 남아 있던 유일한 방법은 자기 자신 속에서 새들을 노래시키는 것이었다.

오직 예술뿐이었다. 나에게 걸머지워졌다고 느껴지는 이 사명을 완수하기 전에는 이 세상을 버리지 못할 것이라고 생각되었던 것이다. 그리하여, 나는 이 비참한 생명을 부지하기로 하였다 —— 참으로 비참한 생명이다. 하도 자극을 받기 쉬운 몸뚱이여서, 아주 조그만 변화일지라도 나를 최선의 상태에서부터 최악의 상태로 던져 버리는 것이다! 인종(忍從)! —— 이렇게 사람들은 말한다. 이제 내가 길잡이로 택하여야 할 것은 바로 참고 견디는 것이라고. 나는 그렇게 하였다 —— 바라건대, 참고 견디고자 하는 나의 결심이 영원히 계속되어 주었으면 한다. 준엄한 운명의 여신들이 나의 목숨을 가져 가기를 원하게 될 때까지. 차차 좀 나아질지 어떨지는 모르겠으나, 하여튼 각오는 되어 있다 —— 스물여덟 살에 벌써 도통한 사람의 행세를 해야 한다는 것은 쉬운 일이 아니다. 다른 사람들에게 있어서보다도 예술가에게 있어서는 그것은 더욱 가혹한 일이다.

신이여, 당신은 높은 곳에서 나의 마음속을 들여다보실 것이니 그것을 아실 겁니다. 사람들을 사랑하고 선을 행하고자 하는 마음이 나의 가슴속에 뿌리박혀 있음을 당신은 아실 겁니다. 오오, 너희들이 장차 이 글을 읽게 되거든 생각하여 보라, 너희들이 내게 얼마나 옳지 못했던가를. 그리고 불행한 사람들은 자기와 같은 한낱 불행한 사람이 자연의 갖은 장애에도 불구하고 우수한 사람들과 예술가들의 대열에 참여할 수 있고자 전력을 다하였다는 것을 알고 위로를 받으라.

너희들, 나의 동생 카를과 (요한)아, 내가 죽은 뒤 아직도 슈미트 박사가 살아 계시거든, 즉시로 내 병의 기록을 작성하도록 나의 이름으로 박사에게 청원하라. 그리하여 그 병태 기록서에 이 편지를 첨부하라. 그러면 내가 죽은 다음에 세상 사람들과 나 사이에는 적어도 가능한 한도의 화해가 성립될 수 있을 것이다 —— 그리고 여기에 또 나는 너희들 두 사람을 나의 사소한 재산의 —— 그것을 재산이라 부를 수가 있으면 —— 상속자로 인정한다. 성실하게 둘이서 나누어라. 합의하여 서로 돕거라. 내게 대한 너희들의 나쁜 소행은, 너희들도 알다시피 벌써 오래 전에 이미 나는 용서하였다. 동생 카를아, 요사이 네가 나에게 보여 준 호의에 대해서는 특히 너에게 감사한다. 내가 바라는 것은 너희들이 나보다는 행복하고 고생이 덜한 생활을 할 수 있게 되는 것이다. 너희들의 아이들에게 도덕을 권하라. 도덕만이 사람을 행복하게 할 수 있는 것이다, 돈이 아니다. 내 경험에 비추어 보면, 내가 비참한 지경에 빠져 있었을 때, 나를 받들어 준 것은 도덕이었다. 내가 자살로 인생을 끝마쳐 버리지 않을 수 있었던 것은 내 예술의 덕택이기도 하지만, 또한 도덕의 덕택이기도 하다 —— 잘들 있거라, 서로 사랑하여라! 나의 모든 친구들, 특히 리히노프스키 공작과 슈미트 박사에게 감사한다 —— 리히노프스키 공작이 내게 준 악기는 너희들 중의 누구든지 한 사람이 보존하여 주었으면 한다. 그러나 그 때문에 너희들 사이에 조금이라도 불화가 생겨서는 안 될 것이다. 만약 좀더 유익한 일에 쓰일 수 있다면 곧 팔도록 하여라. 무덤 속에서라도 너희들에게 도움이 될 수 있다면 나는 얼마나 행복하랴!

필경 그렇게 되어야 할 것이라면 나는 기꺼이 죽음을 맞으리라 —— 나의 예술적 천분을 충분히 발휘할 기회를 가져 보기 전에 죽음이 닥쳐온다면, 나의 운명이 너무나 가혹해서 죽음이 그렇게 일찍 오는 것이라면 할 수 없는 일이고, 다만 좀더 늦게 와 주었으면 하고 바랄 뿐이다 —— 허나 그래도 나는 만족하리라. 죽음은 나를 끝없는 고뇌로부터 해방시켜 주는 것이 아니겠는가? —— 오고 싶은 때에 언제든지 오라, 나는 너(죽음)를 용감히 맞으리라 —— 그러면 잘들 있거라. 내가 죽은 뒤에도 나를 잊어 버리지는 말아 다오. 살아 있는 동안에 나는 너희들을 항상 생각하고, 어떻게 해서든지 너희들을 행복하게 해주고자 노력했으니까. 너희들이 나를 생각해 주는 게 마땅할 만도 하지 않으냐? 부디 행복하기 바란다!

루트비히 판 베토벤
하일리겐슈타트, 1802년 10월 6일

하일리겐슈타트*에서, 1802년 10월 10일. 친애하는 희망이여 —— 그러면 나는 너와 작별하련다 —— 참으로 슬픈 마음으로. 그렇다, 내가 이곳까지 이끌고 왔던 희망 —— 얼마만큼이라도 나을 수가 있으려니 하였던 희망 —— 이제 그것은 그만 나를 저버리지 않을 수 없게 되었다. 가을의 나뭇잎들이 떨어져 시들어 버리듯이 —— 그처럼 나에게는 희망도 말라버리고 말았다. 이곳에 왔을 때와 별 다름 없이 —— 나는 다시 이곳을 떠난다. 아름다운 여름철에는 흔히 나를 받들어 주던 고매한 용기조차 —— 사라지고 말았구나. 오오, 천명이여 —— 기쁨의 맑은 하루를 단 한 번만이라

---

* 빈의 교외에 있는 지명으로 베토벤이 머물렀던 곳.

도 나에게 나타내 주소서! 진정한 기쁨의 깊은 소리를 들어 본 지 이미 오랩니다. 오오! 언제 —— 오오! 언제, 오! 신이여! 나는 자연과 인간의 성전 속에서 기쁨을 다시 느껴 볼 수 있을까요? —— 영영 없을까요? —— 아닙니다! —— 오오! 그것은 너무나 참혹합니다.

베토벤의 편지

쿠를란트의 목사, 아멘다에게

빈, 1801년 6월 1일

나의 정다운, 나의 착한 아멘다, 나의 극진한 친구여, 슬픔과 기쁨이 뒤섞인 마음으로 가슴 뭉클한 감동과 함께 자네의 편지를 받아 보았네. 자네의 성심과 애정을 무엇에 견줄 수 있겠는가! 오오, 자네가 나에게 그처럼 후의를 기져 주다니 참으로 고맙네. 그래, 자네의 우정이 얼마나 굳은 것인가를 나는 알고 있네. 다른 모든 사람들과 자네의 차이를 나는 분명히 알고 있네. 자네는 빈의 친구들과는 달라. 자넨 우리 고향 땅에서 흔히 볼 수 있는 그런 사람이야! 자네가 내 곁에 있어 주었으면 하고 얼마나 바랐는지 모르네! 지금 자네의 베토벤은 몹시 불행하네. 나의 가장 귀중한 부분, 나의 청각이 많이 약해졌거든. 우리가 함께 지내던 그때부터 벌써 그 징조를 느끼고 있었지만 숨기고 있었네.

그 뒤 그것은 점점 악화되어만 갔네. 다시 회복될 수 있을지 어떨지는 두고 보아야 알 일이지만, 이 병이 내 배탈에서 온 것만은 틀림없는 듯하네. 뱃병은 거의 다 나았네. 그러나 귀도 나을 수가 있을는지? 그렇다면야 물론 얼마나 좋겠는가마는 희망은 거의 없네. 이런 병은 낫기 어려운 것이네. 내가 사랑하는 모든 것을 피하면서, 야속하고 이기적인 사람들 가운데서 얼마나 슬프게 살아가야만 할 것인지! ── 리히노프스키가 나에게는 누구보다도 믿음직한 친구라고 할 수 있네. 작년 이래 그는 나에게 6백 플로린을 제공해 주었다네. 그리고, 내 작품들도 곧잘 팔려서 먹고 살기에는 걱정이 없네. 현재 내가 쓰는 작품들은 당장 다섯 벌쯤은 팔 수가 있고 또 보수도 좋네. 최근에 나는 대단히 많이 썼다네. ○○○에 피아노곡을 주문하였다 하니, 그 중 어느 짐 속에다가 내 여러 작품들을 넣어 보내도록 하지. 그렇게 하면 자네 비용도 덜게 될 테니까.

 지금 이곳에 한 친구가 와 있는데 나는 그와 즐겁게 이야기를 할 수도 있고 이해 관계를 떠난 우정을 즐길 수도 있어서 퍽 위안이 되네. 그는 나 어린 시절 친구의 한 사람일세.* 벌써 그에게 자네 이야기를 여러 번 하였는데, 내가 고향을 떠난 이후로 자네는 나의 마음이 택한 친구 중 하나라고 그에게 말했다네. ○○○**는 그에게도 마음에 들지 않는다네. 워낙 참다운 우정을 맺기에는 너무나 빈약한 성격을 가진 사람이니까. 나는 그와 ○○○를 단순히 악기처럼 생각하고 있다네 ── 치고 싶을 때 치는 악기처럼. 그러나 그들은 나의 예술 행동의 고귀한 증인이 될 수도 없거니와 또 나의 생활에 진정으로 관여해 주지도 못하네. 다만 나는 그들이 나에게 보

---

 * 슈테판 폰 부로이닝.
 ** 츠메스칼로 추측된다. 그는 빈의 궁정 비서관으로 베토벤을 따르고 있었다.

▲ 푸르스트 카를 리히노프스키

여 주는 후의에 따라서 그들을 평가할 따름이네.

아아, 내 귀가 온전히 들리기만 한다면 얼마나 행복할까! 그러면 당장에라도 자네에게로 뛰어가겠네. 그러나 나는 모든 것을 떠나 외로이 살아갈 수밖에 없네. 나의 가장 아름다운 청춘은 나의 재주와 역량이 명하는 그 모든 것을 이루지 못한 채 보람없이 흘러가고 말 것 같네. 슬픈 체념! 이것만이 나의 피난처이네. 이러한 모든 괴로움을 초월하겠다고 스스로 마음먹어 보지 않은 바도 아니네. 그러나 그것을 내가 어떻게 할 수 있겠는가? 아멘다, 지금 이 시간부터 여섯 달이 지나도록 내 병이 낫지 않는다면 자네에게 간청하겠네, 만사 제쳐 놓고 내 곁으로 와 달라고. 그럼 나는 여행을 떠나겠네(내 병은 아직까지는 연주나 작곡에는 별 지장이 없네. 사람들과 사교를 할 때가 제일 문제라네). 나의 길동무가 되어 주게. 내게 행복이 전혀 없으란 법은 없겠지. 이제 내가 대적 못할 것이 무엇이 있겠는가? 자네가 떠나 버린 뒤에 나는 온갖 종류의 음악을 썼네. 가극이며 종교 음악에 이르기까지. 그래, 자네는 내 청을 물리치지는 않겠지. 자네의 친구가 병고와 근심을 짊어지는 것을 자네는 도와 주겠지. 나는 피아노 연주 기술도 많이 닦았네. 이 여행은 자네에게도 기쁨이 되리라고 생각하네. 여행을 한 다음엔 내내 함께 살도록 하세.

 자네 편지는 모두 틀림없이 받았네. 회답은 조금밖에 쓰지 못하였을망정, 자네는 항상 내 마음을 떠나지 않았네. 나의 가슴은 언제나 자네에 대하여 변함없는 애정으로 뛰고 있네. 내 병에 관해 자네에게 말한 것은 비밀로해주기 바라네. 아무에게도 이야기하지 말아 주게. 가끔 편지를 써 보내 주게. 아무리 짧은 것이라도 자네의 편지는 내게 큰 위안과 도움이 되고 있네. 자네에게 바친 현악 사중주곡*을 자네한테 보내지 않은 것은 현악 사중주곡이란 걸 제법 잘 쓸 줄 알게 된 이후에 그것을 모두 뜯어 고치고 있기 때문일세. 이번에 쓴 것들을 자네가 받아 보면, 내가 이 방면에서 퍽 진보했다는 것을 알게 될 것이네. 그러면 잘 있게, 정다운 친구여! 내가 자네에게 무엇이든지 유쾌한 일을 해줄 수 있다고 생각되거든, 물론 자네는 그것을 충실과 진심으로 자네를 사랑하는 L.v. 베토벤에게 말해 주겠지.

---

*작품, 「제18번」의 제1.

의사 프란츠 게르하르트 베겔러에게

빈, 1801년 6월 29일

착하고 정다운 베겔러, 자네가 나를 잊지 않고 있다는 것이 얼마나 고마운지 모르겠네! 나는 조금도 그것에 보답치 못하였네. 보답하려는 노력조차 게을리하였네. 그런데도 자네는 그런 걸 불쾌히 여기지 않아. 용서받을 수 없는 나의 게으름까지도. 자네는 언제나 그저 변함없는 착하고 성실한 친구네. 자네를, 자네들을, 나에게는 그렇게도 정답고 소중한 자네들 모두를 내가 잊어 버릴 수 있으리라고는 꿈에라도 믿지 말게. 자네들이 하도 그리워 잠시 동안이나마 자네들 곁에 가서 지내고 싶은 생각이 간절할 때가 한두 번이 아니네. 나의 고향, 내가 거기서 처음으로 이 세상의 빛을 본 아름다운 고장은, 내가 자네들을 떠나온 그때와 조금도 다름이 없이 또렷하고 생생하게 내 마음속에 새겨져 있네. 다시금 자네들을 만나 보고, 우리들의 어버이 라인 강에 인사를 드릴 수 있게 되는 날이 내 일생의 가장 행복한 순간의 하나이리라 —— 언제나 그렇게 될는지 그것은 아직도 확실히 말할 수 없네. 적어도 자네들에게 내가 말하고 싶은 것은 그때 자네들은 내가 좀더 크게 자랐다는 것을 보게 되리라는 것이네. 예술가로서뿐만 아니라 인간으로서도 말이네. 자네들에게 좀더 선량하고 완성된 인간을 보여 줄 수 있을 것 같네. 그리고 우리 고향 사람들의 경제 상태가 전보다 조금도 나아지지는 못하였다 해도 나의 예술은 가난한 사람들의 운명을 개선하는 데 이바지해야 할 것 같네.

요사이 내 생활 형편을 좀 알고 싶다고 하였지. 그리 나쁘지는 않아. 작년 이래 리히노프스키가(이렇게 말해도 자네는 믿을 수 없다고 생각할는지 모르겠지만), 언제나 나의 가장 열렬한 친구인 —— 사소한 충돌이 우리들 사이에 있었던 것은 사실이나, 그것은 도리어 우리의 우정을 두텁게 하여 주었을 따름이네 —— 리히노프스키가 6백 플로린의 연금을 대주고 있다네. 내가 적당한 지위를 얻게 되기까지는 언제든지 그 연금을 받을 수 있을 것 같네. 작품에서 들어오는 수입도 많네. 다 감당할 수 없을 만큼 주문이 들이밀리고 있네. 작품 하나에 출판사가 예닐곱씩이나 나서는 형편이고, 이쪽에서 서두르기만 한다면 그보다 더 많이 있을 수도 있을 것 같네. 에누리 하려고 하지도 않고 내가 부르는 것이 값이라네. 이 얼마나 신통한 일인가! 가령 곤궁한 처지에 빠져 있는 어떤 친구를 내가 만난다고 하세. 그럴 때에 내 주머니가 나로 하여금 그를 돕는 것을 허락하지 않는다면, 나는 내 책상 앞에 앉기만 하면 되네. 잠시 후면 그 친구를 구해 줄 수 있는 것이네. 나는 또 예전보다 꽤 절약할 줄도 알게 되었네.

불행히도 건강 상태 불량이라는 시기심 많은 악마가 와서 나의 앞길을

◀ 베토벤의 오랜 친구,
프란츠 게르하르트 베겔러

가로막고 있네. 3년 전부터 내 청각은 점점 약해져만 갔네. 자네도 알다시피 내가 예전부터 벌써 앓고 있던 그 배탈에 원인이 있는 모양인데 이 배탈이 더 심해진 것이네. 늘 설사 때문에 욕을 보고 나면 극도로 몸이 쇠약해진다네. 프랑크는 보약으로 내 몸을 추스르게 하고, 귀에는 은행 기름을 써 보려고 하였네. 그러나 웬길! 아무런 효험도 없었네. 귀는 점점 더하기만 하고 배는 여전했다네. 지난 가을까지 그 모양이어서 나는 여러 번 절망했네. 어떤 엉터리 의사는 냉수욕 요법을 권하고, 또 조금 사리에 밝은 의사 하나는 도나우의 온탕욕을 권하였는데, 이것이 썩 잘 들어서 배는 퍽 나았지만 귀는 그저 그 모양이네. 오히려 더 나빠진 편이네. 지난 겨울의 내 처지는 그야말로 정말 기막힌 것이었다네. 지독한 복통이 일어나서 예전 상태로 완전히 되돌아가고 말았지. 지난 달까지 그런 상태였는데, 지난 달에 나는 페링에게 진찰을 받았네. 내 병은 외과 의사의 치료를 받는 것이 필요하리라고 생각되었고, 또 나는 언제나 그에게 신뢰를 가지고 있었기 때문이네. 그의 덕택으로 심하던 설사는 거의 멎었네. 그도 탕에다가 강장액을 한 병씩 타가지고 온탕욕을 하라고 권하였네. 약은 아무것도 주지 않았는데, 한 나흘 전부터 위를 위한 환약과 귀를 위한 일종의 탕약을 주더군. 지금은 퍽 나아서 원기도 얼마만큼 회복되었네. 귀만은 아직도 밤낮으로 윙윙거리네(sausen und brausen). 사실 나는 비참한 생활을 하고 있다고 해도 과언이 아니네. 거의 2년째 나는 일체 사교를 피하고 있네. "나는 귀머거리오"라고 사람들에게 말할 수가 없기 때문일세. 내가 다른 직업을 가졌더라면 그나마 어떻게 될 수도 있으련만. 내 직업으로는 이것은 무서운 처지네. 나의 적들이 무어라고 하겠는가! 그것도 적잖은 수의 적들이!

이 괴상한 귓병을 자네가 상상해 볼 수 있도록 한 가지 예를 들어서 말한다면 —— 극장에서 배우의 말을 알아들으려면 나는 오케스트라 바로 뒷자리에 앉아야만 하네. 조금만 멀리 떨어져 있어도 악기나 목소리의 높은 음이 들리지가 않네. 나와 이야기를 하면서도 그것을 알아차리지 못한 사람들이 있다는 것이 이상스러울 지경이네. 원체 나는 멍하니 한눈팔기를 잘하니까 그것도 그 탓이려니 하고 생각들 하는가 보지. 낮은 목소리로 이야기하는 것은 거의 들리지 않네. 소리는 들리지만 말을 알아들을 수가 없다네. 그러나 또 고함을 지르는 소리에는 몸서리가 쳐지네. 앞으로 어떻게 될지 모르겠어. 페링은, 완쾌할 수는 없을지라도 확실히 차차 나아질 것이라고 말하기는 하지만, 얼마나 여러 번 나는 나의 존재와 조물주*를 저주

---

* 놀은 그가 편찬한 『베토벤의 서간집』에서 ……와 조물주(und den Schöpfer)라는 말을 생략하고 있다.

하였는지 모르네. 플루타르코스가 나를 체념으로 인도해 주었네. 될 수만 있는 것이라면 나는 운명과 싸워 보고 싶네. 그러나, 나는 신이 창조한 가장 비참한 인간이라고 느껴지는 때가 한두 번이 아니네. 내 병태에 관해서는 아무에게도 말하지 말아 주기 바라네. 로르헨*에게도. 다만 자네에게만 비밀로 고백하는 것이네. 내 병에 관해서 자네가 페링에게 편지를 써 주었으면 고맙겠네. 이 상태가 오래 계속되어야만 한다면 내년 봄에는 자네 곁으로 갈 작정이네. 그러면 어디든지 경치 좋은 곳에 시골집을 하나 얻어 주게. 한 여섯 달 동안 농촌 생활을 해보고 싶네. 아마 그것이 내게 요양이 될 것 같네. 체념! 얼마나 슬픈 피난처인가! 그러나 이것만이 내게 남은 유일한 피난처라네! 자네에게도 여러 가지 근심이 적잖을 터인데 친구랍시고 이런 걱정거리를 곁들여 대단히 미안하네.

슈테판 폰 부로이닝이 지금 이곳에 와 있는데, 우리는 거의 매일같이 함께 지내고 있네. 지난날의 감정을 추억하게 되는 것은 나에게는 크나큰 위안이네. 그는 정말로 착하고 훌륭한 젊은이가 되었네. 그의 머리에는 무엇인가 들어 있고 또 그의 마음은(우리들은 누구나 대개 그런 것처럼) 올바른 자리를 잡고 있네.

착한 로르헨에게도 편지를 쓰고 싶네. 자네들의 어느 누구 한 사람도 잊어 버린 적은 없네. 정다운 나의 친구여, 비록 죽었는지 살았는지 모르도록 변변히 편지 한 장을 쓰지 못하고 있기는 하지만 원체 글을 쓴다는 것은 자네도 알다시피 내 장기는 아니니까. 나의 가장 친한 친구들이 여러 해 동

---

* 엘레노레.

안 내 편지를 한 장도 받아 보지 못하고 있는 형편이라네. 나는 악보만 그리며 살고 있네. 작품이 하나 끝나기가 바쁘게 곧 다른 것을 시작하네. 지금 하고 있는 방법으로 하면 서너너덧 가지를 한꺼번에 하는 수도 있네. 종종 소식을 보내 주게. 될 수 있는 대로 회답을 쓸 시간을 만들 테니까. 여러분께 안부를 전해 주기 바라네.

   그러면 잘 있게. 착하고 변함 없는 친구 베겔러! 자네의 베토벤의 애정과 우정을 굳게 믿어 주게.

베겔러에게

빈, 1801년 11월 16일

착한 베겔러! 또다시 자네의 온정을 받은 것을 감사하네. 그것을 받을 자격이 나에게는 도무지 없었으니 더구나 그러하네. 요사이 내가 어떻게 지내고 있으며 필요한 것이 무엇인지 알고 싶다고 하였지. 이 문제를 운운한다는 것은 그리 유쾌한 일이 아니지만, 자네한테라면 기꺼이 이야기 못할 것도 없네.

페링이 여러 달째 계속하여 나의 양팔에 발포고(고약)를 붙여 주고 있네. 이 치료는 대단히 불쾌하네. 아픈 것은 말할 것도 없거니와 그때마다 하루나 이틀 동안 팔을 움직일 수가 없네. 윙윙거리던 귀가 예전보다는 좀 나아진 것이 사실이네. 특히 왼편 귀가 그렇다네. 귀가 어두워지기 시작한 것은 왼쪽부터였네. 그러나 아직까지 청각은 조금도 나아지지 않고 있네. 더 나빠지지나 않았는지 모르겠네. 배탈은 꽤 나았다네. 특히 더운 물에 목욕을 며칠씩 계속하고 나면, 한 주일이나 열흘 동안은 괜찮네. 이따금 건위제도 먹고 있네. 자네가 권해 준 대로 복부에 약초를 붙이는 것도 시작하였네. 페링은 관수욕엔 귀도 기울이려 하지 않네. 도대체 나는 그에게 만족할 수가 없네. 그는 정말로 이런 병에 대한 친절과 주의가 부족한 것 같네. 만약 내가 진찰을 받으러 가지 않는다면 —— 간다는 것은 내게는 매우 어려운 노릇인데 —— 그를 영 만나 볼 수조차 없게 되고 말 것 같네. 슈미트가 어떨까? 구태여 의사를 바꾸고 싶지는 않지만, 페링은 독서를 하여 견해를 새로이 하기에는 너무나 실무가인 것 같네. 슈미트는 그렇지는 않을 듯싶군. 그리고 아마 페링처럼 그렇게 소홀하지는 않을 테지. 전기 요법이 굉장히 잘 듣는다는데 자네 생각은 어떤가? 어떤 의사 말에 의하면 귀도 안 들리고 말도 못하던 어린애가 듣게 되었고, 또 7년 전부터 귀가 안 들리던 사람도 역시 나았다고 하던데 —— 바로 슈미트가 전기 요법을 실시하고 있다는 말을 들었네.

나의 생활은 지금까지보다는 퍽 평온한 편이라네. 나는 한결 사람들과도 잘 어울리고 있네. 2년 전부터 내가 얼마나 외롭고 슬픈 생활을 해왔는지 자네는 믿기 어려울 것이네. 나의 병이 어디서나 내 앞에 유령처럼 버티고 서 있으므로 나는 사람들을 피하고 있었네. 아마 나는 사람을 싫어하는 사람처럼 보였을 거야. 그런데 내가 어디 그러한가! 요사이 내게 일어난 변화는 어떤 정다운 소녀가 이루어 준 것이네. 그녀는 나를 사랑하고 나도 그녀를 사랑하고 있네. 2년 만에 처음으로 나는 이와 같은 행복한 순간을 가져 보네. 결혼이 행복을 가져올 수 있으리라는 것을 이번에 나는 처음으로 느끼고 있네. 불행히도 그녀는 나와는 신분이 다르다네. 그러니 지금 당장은 —— 결혼할 수가 없을 것 같네. 아직도 얼마 동안은 꾸준히 일을 해야 하겠네.

귀가 이렇지만 않다면 벌써 나는 세계의 절반쯤은 돌아다녔을 텐데! 이건 아무래도 내가 한번 실현하지 않으면 안 될 일이네. 나에게는 내 예술을 연마하여 그것을 세상 사람들에게 보여 주는 것보다 더 큰 기쁨이 없네. 자네 집에 간다고 해도 나는 행복할 수는 없을 것 같네. 이제 누가 나를 행복하게 할 수 있겠는가! 자네들의 온정조차 나에게는 괴로울 뿐이네. 늘 나는 자네들의 얼굴에서 동정심을 읽을 것이고, 그러면 나는 더욱 내 자신을 비참히 여기게 되겠지.

고향의 아름다운 산천으로 내 마음을 이끌었던 것은 과연 무엇이었던가? 좀더 나은 처지를 바라는 마음 이외의 아무것도 아니었네. 이 병만 아니었더라면 그럴 수도 있었을 텐데! 오오! 이 병을 떨쳐 버릴 수만 있다면 전세계를 껴안으련만! 나의 젊음은 —— 그렇다, 나는 그것을 느끼고 있네 —— 이제서야 겨우 시작되었을 따름이네. 나는 여태까지 늘 앓고 있지 않았던가!

얼마 전부터 나의 체력은 나의 지력과 더불어 무럭무럭 자라고 있네. 하루하루가 나를 목표로 가까이 해주고 있네. 무어라 정의는 할 수 없어도 내가 예감하고 있는 그 목표로. 다만 이러한 생각 속에서만 자네의 베토벤은 살 수가 있는 것일세. 조금도 쉬지는 않네. 수면에 전보다 더 많은 시간을 뺏겨야 한다는 것만 해도 적지 않은 불행이네. 병이 절반만이라도 나을 수만 있다면, 그때는 좀더 자제력이 있고 좀더 성숙한 사람으로서 나는 자네들을 만나러 가서 우리들의 변함없는 우정을 굳게 하리라.

이 세상에서 행복할 수 있는 한껏 행복한 나 자신을 자네들에게 보여 주고 싶네. 불행한 나를 보이고 싶지는 않네. 결단코 그놈의 병에 눌려서는 안 돼! 나는 운명의 목덜미를 잡아쥐고야 말 테다. 나를 아주 굴복시키지는 못하겠지 —— 아아, 인생을 천 배로 살 수 있다면 얼마나 아름다울까! —— 평온한 생활 —— 아니야, 확실히 나는 평온한 생활을 하게 마련된 사람은 아니야.

로르헨에게 안부 전해 주기 바라네. 자네는 나를 조금은 사랑해 주겠지? 나의 애정과 우정을 믿어 주게.

자네의 베토벤

베겔러와 엘레노레 폰 부로이닝으로부터
베토벤에게 보낸 편지

코블렌츠, 1825년 12월 28일

친우 루트비히.

리스 씨 댁 열 아이들 중의 하나가 빈으로 가게 되었는데, 그 편에 나의 소식을 자네에게 전하지 않고는 견딜 수 없네. 내가 빈을 떠나온 이후로 28년 동안, 자네가 두 달에 한 번씩 나에게서 긴 편지를 받아 보지 못하였다면 그것은 내가 처음에 몇 번 편지를 보낸 뒤에도 자네가 회답을 하지 않은 탓이네. 그것은 좋지 못한 일이야. 특히 지금은 더욱 그러네. 왜냐하면 우리처럼 늙으면 과거의 추억 속에서 살고 싶어하고, 젊었을 때의 영상에서 가장 큰 기쁨을 발견하는 것이니까. 하느님의 축복받으실 자네의 훌륭한 어머니 덕택으로 자네와 알게 되었고, 친밀한 우정을 맺게 된 것이 내

---

* 가장 충실한 친구였던 이 훌륭한 사람들의 성품을 엿볼 수 있는 이 두 편지를 여기에 싣는 것은 흥미 있는 일이다. 친구를 보면 그 사람됨을 알 수가 있는 것이다.

일생에 빛나는 한 점이고, 즐거운 마음으로 그 일을 돌이켜 본다네. 나는 자네를 우러러 보고 있네. 한 사람의 영웅을 우러러 보듯이. 그리고 이렇게 말할 수 있는 것을 자랑으로 여기네 —— "그의 발전에는 내 영향도 없지 않았다. 그는 자기의 희망과 꿈을 나에게 고백하곤 하였다. 그리고 그 뒤 그가 여러 번 오해를 받는 일이 있었을 때에도 그가 바라는 것이 무엇인지 나는 잘 알고 있었다." 나는 내 아내와 그리고 또 지금은 어린애들과도 자네의 이야기를 할 수 있다는 것을 하느님께 감사하네. 내 장모님 집은 자네에게는 자네의 집 이상이었네. 특히 자네의 훌륭한 어머니가 돌아가신 뒤에는 더욱 그랬지. 다시 한번만 우리들에게 알려 주게 —— "그렇다, 나는 자네들을 기쁠 때나, 슬플 때나 생각하고 있다"라고. 사람이란 아무리 자네처럼 훌륭한 인물이 되었다고 해도, 일생 동안에 한 번밖에는 행복할 수 없어. 그건 젊었을 때야. 본의 이 집 저 집의 돌들이며, 크로이츠베르크며, 고데스베르크며, 과수원들로 자네의 생각은 즐겁게 달릴 때가 많을 테지.

　지금 나는 내 자신에 관한 일, 우리들에 관한 일을 자네에게 이야기하려고 하네. 그것은 자네에게 회답의 본보기를 보여 주기 위해서야.

　1796년에 빈에서 돌아온 후 여러 가지 일이 나에게는 여의치가 못하였네. 몇 해 동안, 나는 의사로서의 내 직무만으로 살아가지 않으면 안 되었네. 이곳은 워낙 빈한한 지방이라 그저 겨우 먹고 살기에 걱정없이 되기까지는 여러 해가 걸렸네. 그 뒤 유급 교수직을 얻어 1802년에 결혼을 했네. 그 이듬해에 딸이 생겼지. 아이는 잘 자라서 지금은 아주 성숙했다네. 아이는 판단이 바르고 아울러 아버지의 명랑한 성격을 물려받은 데다 베토벤 작은 소나타를 썩 잘 연주한다네. 그건 애써 배운 것이라기보다는 타

고난 재질이겠지. 1807년에는 아들을 낳았는데 이 애는 지금 베를린에서 의학 공부를 하고 있네. 4년 후에는 빈으로 보낼 작정이니 그때 자네가 좀 돌보아 주겠는가? …… 지난 8월에 나는 회갑잔치를 하였는데 우인 지기들이 60여 명 모여 주었네. 그 중에는 이 도회의 명사들도 섞여 있었네. 1807년 이래 나는 이곳에 살고 있네. 지금 나는 아름다운 집과 좋은 지위를 가졌네. 상관들도 나에 대해 만족해 하고 황제로부터 훈위와 휘장을 받았네. 로르헨과 나는 매우 건강하네 ──

자, 이제는 자네에게 내 형편을 속속들이 다 알렸으니 이번엔 자네 차례일세. 그래 자네는 슈테판 성당의 탑에서 눈을 떼지 않을 작정인가? 여행이 자네에게는 도무지 매력이 없다는 것인가? 라인을 다시 보고 싶지 않단 말인가? ── 로르헨이 자네에게 안부 부탁하더군, 나와 마찬가지로.

자네의 오랜 친구
베겔러

엘레노레 부인의 편지

코블렌츠, 1825년 2월 29일

친애하는 베토벤! 베겔러가 당신에게 다시금 편지를 썼으면 하는 것은 저의 소원이었습니다. 이 소원이 이루어진 지금, 저도 두어 말씀 적지 않을 수 없습니다. 그것은 당신의 기억 속에 저 자신의 추억을 불러일으키고자 하는 것뿐만이 아니라, 또한 우리들의 간절한 소청을 또다시 거듭 여쭈어 보고자 해서입니다. 다시 한번 라인 강과 고향을 보고 싶은 생각은 없으신가 여쭈어 보고자 하는 것입니다.

우리 딸아이 렌헨이 당신의 덕택으로 많은 행복한 시간을 가질 수 있는 것을 당신께 감사하고 있습니다. 렌헨은 당신에게 관한 이야기를 듣는 것을 매우 좋아합니다. 또 본에서 지낸 우리들의 즐거웠던 어린 시절의 일들을 —— 다툰 일이며, 화해를 한 일이며 —— 자질구레한 일까지 죄다 알고 있습니다. 당신을 뵐 수 있게 된다면 그 애가 얼마나 기뻐할지 모릅니다. 불행히도 음악에 대한 재주는 없지만, 열심히 끈기있게 공부한 탓에 이럭저럭 당신의 소나타며 변주곡을 연주할 수 있게 되었습니다. 그리고 베겔레에게는 음악이 무엇보다 큰 위안이란 것은 예나 지금이나 다름이 없어서 자주 그 애의 음악을 들으면서 유쾌한 시간을 보내고 있습니다. 아들 율리우스는 음악적인 재질이 있습니다만 지금까지는 공부를 게을리했답니다. 여섯 달 전부터 바이올린, 첼로에 재미를 붙이기 시작했는데, 베를린에서 좋은 선생의 지도를 받고 있으니까 앞으로도 더 진보를 할 수 있을 것 같습니다. 아이들은 둘 다 큼직하고 아버지를 닮았습니다. 쾌활한 성질까지 꼭 닮았는데 베겔러도 다행히 아직 그 쾌활함을 잃지 않고 있습니다. 당신의 변주곡의 테마들을 연주하는 것이 베겔러에게는 다시 없는 즐거움입니다. 예전 것들을 좋아합니다만, 새로운 것들도 하나씩 끈기를 가지고 연주하고 있습니다. 당신의 작품「제물」(Opferlied)이 무엇보다도 마음에 들어서 베겔러는 방안에 들어서기만 하면 꼭 그 곡을 피아노로 칩니다.

　친애하는 베토벤, 우리들의 마음속에 간직되어 있는 당신에 대한 추억이 얼마나 변함없이 생생한 것인가를 이것으로도 짐작하실 수 있을 겁니다. 이것이 당신에게도 얼마만큼은 소중한 것이고 당신께서도 우리들을 전혀 잊지는 않으셨다는 것을 알려 주세요. 우리들의 가장 큰 소망을 실현하는 것이 그다지 어려운 일이 아니라면 벌써 우리들은 빈에 있는 제 오빠를 방문하는 길에 당신을 만나뵈는 기회를 가졌을 것입니다. 그러나 지금은 아들아이가 베를린에 있는 관계로 그런 여행은 엄두도 내지 못하겠습니다. 우리들의 지내는 형편은 베겔러가 얘기했을 것입니다만, 우리는 불평을 해서는 안 되리라고 생각합니다. 가장 어려웠을 때라도 많은 다른 사람들에게 비하면 행복했다고 할 수 있을 것입니다. 무엇보다도 다행한 일은 우리들이 모두 건강하다는 것과 아이들이 착하고 정직하다는 것입니다. 정말 아이들은 아직껏 우리들의 마음을 상하게 한 일이 없고 쾌활하며 귀여운 애들입니다. 렌헨은 꼭 한 번 커다란 슬픔을 맛보았습니다. 그것은 가련한 부르샤이트가 죽었을 때였습니다. 그건 우리들 모두 잊어 버릴 수 없는 상실입니다.

안녕히 계세요, 친애하는 베토벤. 우리들을 오래도록 생각해 주시기 바랍니다.

엘레노레 베겔러

베토벤이 베겔러에게

빈, 1826년 10월 7일*

사랑하는 옛친구에게!

자네의 편지와 로르헨의 편지가 나를 얼마나 기쁘게 해주었는지는 이루 말로 표현할 수 없네. 곧 회답을 했어야 할 일이었지만, 원체 나는 게으른 데다가 특히 글을 쓰는 일에는 더 그렇다네. 그것은 가장 좋은 친구들은 편지를 쓰지 않아도 나를 알아 주리라고 생각되기 때문이네. 나는 흔히 머릿속으로 회답을 하고 있네. 그러나 막상 글로 쓰려고 하면 금세 펜을 내동댕이치게 되네. 자네가 늘 나에게 보여 준 우정을 나는 일일이 기억하고 있네. 언젠가 자네가 내 방을 하얗게 칠해 주어서 내가 얼마나 기뻐했던가.

---

* 당시의 친구들 간에는 서로 매우 사랑하고 있을 때라도 그 우정이 현대의 우리들의 그것처럼 성급한 것이 아니었다는 사실을 주목하라. 베토벤은 베겔러의 편지를 받은 뒤 열 달이 지나서야 회답을 하고 있다.

부로이닝 댁도 마찬가지네. 서로 뿔뿔이 헤어져서 살아야만 되는 것은 인간사의 상리라 할 것이요, 각자는 자기가 정한 목표를 따라 그것에 미치려고 노력해야만 했네. 다만 영원히 건드릴 수 없는 선의 원리만이 항상 우리들을 굳게 맺어 놓았네. 오늘 쓰고 싶은 대로 자네에게 마음껏 쓸 수 없는 것은 유감이네. 병석에 누워 있기 때문에……

　나는 항상 자네의 로르헨의 실루엣을 가지고 있네. 자네에게 이런 말을 하는 것은 내가 젊었을 때에 나에게 정답게 대해 주었던 것은 무엇이나 지금도 소중하다는 것을 알리기 위해서이네.

　…… 날더러 "한 주일이라도 작품을 쓰지 않는 날은 하루도 없다"(Nulla dies sine linea)고들 하지만 나는 지금 뮤즈(예술의 여신)를 잠재워 놓고 있네. 그러나 그것은 좀더 있다가 뮤즈가 더욱 활발하게 눈을 뜨게 하기 위해서이네. 앞으로도 아직 몇몇 작품을 세상에 내놓을 희망을 나는 가지고 있네. 그리고 나서 늙은 어린애와도 같이 선량한 사람들 가운데로 가서 나는 이승의 생애를 끝냈으면 하네.*

　…… 나는 여러 가지 명예 상패를 받았는데, 자네도 그것을 기뻐해 주리라고 믿네. 그 가운데는 프랑스 왕으로부터 받은 '왕으로부터 베토벤 씨에게'(Donnée par le Roi a monsieur Beethoven)라고 새긴 메달도 있다네. 그것과 함께 왕실의 수석 귀족 드 라 샤트르 공작의 간곡한 글도 받았네.

　정다운 친구여, 오늘은 이만 줄이는 걸 용서하게. 지난날의 추억이 나

---

* 그때 베토벤은 생애의 최후 작품(현악 사중주곡, 작품 제130번의 개작 종곡)을 쓰고 있는 것이라고는 꿈에도 생각하지 않고 있었다. 당시 그는 다뉴브 강변의 크렘스 근방에 있는 동생의 집에 머물러 있었다.

를 사로잡는군. 이 편지를 보내면서 많은 눈물을 금할 수가 없네. 이것은 내가 보내는 소식의 첫 시작에 지나지 않네. 머지 않아 다시 소식을 적어 보내겠네. 그리고 자네가 나에게 편지를 많이 써 주면 써 줄수록 그만큼 나의 기쁨은 커질 것 같네. 우리들처럼 극진한 친구지간에야 그런 것은 요구할 필요도 없기는 하지만. 잘 있게. 로르헨과 아이들에게 나의 이름으로 정답게 키스해 주기 바라네. 그리고 나를 잊지 말아 주게. 하나님께서 자네들 모두와 함께 계시기를!

▲ 54세의 베토벤. 슈테판 데커의 소묘(1824).

 언제나 다름없이 자네의 진실하고 진정한 벗, 그리고 자네를 존경하는,

베토벤

베겔러에게

빈, 1827년 2월 17일

부로이닝으로부터 자네의 두번째 편지를 기쁘게 받았네. 아직도 난 너무 기운 없어 회답을 쓸 수가 없네. 그러나 자네가 말해 준 것은 모두 나에게는 반갑고, 또 내가 바라는 바라는 것을 믿어 주게. 내 병의 회복은 ──이것을 회복이라고 부를 수가 있다면── 아직도 더디네. 의사들은 그런 말을 하지는 않지만, 네번째 수술을 각오하지 않으면 안 될 듯하네. 나는 참으로 생각하네! ── 모든 불행 뒤에는 반드시 어떤 좋은 일이 따르는 법이라고…… 자네에게 말하고 싶은 것이 태산 같네! 그러나 기력이 없네. 다만 나는 자네와 자네의 로르헨을 마음속으로 껴안을 수 있을 따름이네. 자네와 자네의 가족들에게 진실한 우정과 애정을 가지고.

자네의 오래되고 충실한 벗
베토벤

모셀레스에게

빈, 1827년 3월 14일

친애하는 모셀레스!

2월 27일에 나는 네번째 수술을 받았네. 그리고 머지 않아 다섯번째의 수술을 각오하지 않으면 안 되리라는 확실한 징후가 지금 또다시 나타나고 있네. 이런 상태가 앞으로도 얼마 동안 계속된다면 어떠한 결과에 이를 것이며, 도대체 나는 어찌될 것인지? —— 정말로 나의 운명은 험하기도 하군. 그러나 나는 운명에 순종하고 있네. 그리고 내가 살아 있으면서 죽음을 겪어야 할 동안, 신이 그 거룩한 뜻으로써 나로 하여금 곤궁한 처지*를 면

---

* 거의 돈 한푼 없게 된 베토벤은 런던 필하모닉 소사이티와 당시 영국에 있던 모셀레스에게 그를 위하여 음악회를 열게 해달라고 편지를 썼다. 소사이티는 즉시로 그에게 1백 파운드를 선금으로 보내는 아량을 보여 주었다. 베토벤은 이에 깊이 감동되었다. 어떤 친구가 말한 바에 의하면 "그 편지를 받고 난 뒤 두 손을 모으고 기쁨과 감사의 눈물을 흘리고 있는 베토벤을 보는 것은 가슴을 찢는 듯한 광경이었다"라고 한다. 감격으로 인하여 그의 마음의 상처는 다시금 벌어

하게 해주시기만 빌고 있네. 그러면 나의 운명이 아무리 사납고 무서운 것이라 할지라도, 나는 "지극히 높으신 분"의 뜻에 순종함으로써 나의 운명을 견디어 나갈 힘을 얻을 수 있겠지……

자네의 벗
L.v. 베토벤

졌다. 그는 다시 한번 "그의 슬픈 운명에 동정을 베풀어 준 고귀한 영국 사람들"에게 사의를 표하는 편지를 불러 주며 쓰게 하려 했다. 그는 영국 사람들에게 「제10교향곡」과 한 편의 서곡, 그 밖에 무엇이든지 그들이 바라는 것을 제공할 것을 약속하였다. "진실로 나는 이번처럼 사랑을 기울여 쓴 작품은 여태껏 없었습니다"라고 그 편지에 말했다. 이 편지는 3월 18일에 쓰여졌다. 3월 26일에 베토벤은 사망했다.

베토벤의 사상단편

"더욱 아름답기"* 위해서라면 범하지 못할 규칙이란 하나도 없다.

*

음악은 사람들의 정신으로부터 불꽃이 솟아나게 하지 않으면 안 된다.

*

음악은 모든 지혜, 모든 철학보다도 더욱 드높은 계시이다. …… 나의 음악의 참뜻을 해득하는 사람은 다른 사람들이 짊어진 비참한 것을 떨쳐 버릴 수 있을 것임에 틀림없다.

── 베티나에게, 1801년

---

* "더욱 아름답기(schönner)라고만 독일어로 쓰여 있고, 그 외에는 전부 프랑스어로 쓰여 있다.

*

신성으로 가까이 나아가 그 광채를 인류 위에 뿌려 주는 것보다 더 아름다운 일은 없다.

*

왜 나는 작곡하는가? —— 나의 마음속에 지니고 있는 것이 밖으로 나와야만 하기 때문에 나는 작곡을 한다.

*

신령이 나에게 이야기를 하여 내가 그 말을 받아 쓰고 있을 때, 빌어먹을 놈의 바이올린 같은 것을 내가 생각하리라고 당신은 믿고 있습니까?

—— 슈판치히에게

*

내가 늘 하는 작곡법에 의하면, 심지어 기악곡을 쓸 때에도 나는 항상 전체를 눈앞에 두고 작곡한다.

—— 트라이츄케에게

*

피아노를 사용하지 않고 작곡하는 것이 필요합니다. 우리가 바라고 또 느끼고 있는 것을 머릿속에 그려 볼 수 있는 능력이 —— 이러한 능력은 고귀한 사람들의 본질적인 요구입니다만 —— 차츰차츰 생기게 됩니다.

———루돌프 대공에게

*

　묘사를 한다는 것은 회화에 속하는 일이다. 이 점에 있어서는 시도 음악에 비하면 한결 행복하다 할 것이다. 시의 영역은 음악의 영역만큼은 제약을 받지 않고 있다. 그러나 그 대신에 음악은 다른 여러 영역들 속으로 멀리 뻗치고 있는 것이다. 음악의 왕국에는 쉽사리 도달할 수 없다.

———빌헬름 게르하르트에게

*

　자유와 진보가 예술에 있어서 목표라는 것은 생활 전체에 있어서도 마찬가지입니다. 우리들이 옛날의 거장들만큼 확고하지는 못하다 할지라도, 적어도 세련된 문명은 우리들의 시야를 훨씬 넓혀 주었습니다.

———루돌프 대공에게

*

　나는 작곡이 일단 끝난 다음에는 그것을 수정한다든가 하는 습관이 없다. 지금까지 나는 수정이라는 것을 한 일이 없는데, 그 따위 변화는 작품 전체의 성격을 망쳐 버릴 것임을 확신하기 때문이다.

———톰슨에게

*

　순수한 교회 음악은 글로리아(gloria), 혹은 그와 유사한 종류의 텍스트를 제외하고는 성악으로 되어야만 할 것이다. 내가 팔레스트리나를 좋아하는 것은 그 때문이다. 그러나 팔레스트리나와 같은 정신이나 종교적 신앙도 없이 그를 모방하려 드는 것은 어리석은 짓이다.

— 오르가니스트 프로이덴베르크에게

*

　당신의 제자가 피아노에서의 올바른 손가락 놀림과 정확한 박자를 알게 되어 악보를 제법 정확히 칠 수 있게 되었을 때는 연주법에만 치중하여 다소 틀린 곳이 있더라도 거기서 멈추지 말고 끝까지 치게 한 다음에 그 틀린 곳을 지적하시오 —— 이 방법은 '음악가'를 만들어 내는 것입니다. 그리고 결국 음악가를 만들어 낸다는 것이 음악 예술의 주요한 목적의 하나일 테지요. 기교 연습을 시키는 과정에서는 모든 손가락을 차례차례로 전부 사용하게 하시오…… 손가락을 적게 사용하면 소위 "진주 같은" 연주를 할 수 있게 되기는 합니다. 그러나 다른 주옥이 값진 일도 흔히 있는 것입니다*……

— 체르니에게

---

* 피아니스트로서의 베토벤의 연주 기술은 정확한 편은 아니어서 손가락 놀림도 틀리는 수가 많고 음질도 거칠었다. 그러나 연주가라는 것은 도시 문제가 되지 않았다. 어떤 방법으로서든지 베토벤의 두 손이 표현하려던 그 사상에 사람들은 송두리째 마음을 빼앗겨 버리는 것이었다(드 트레몽 남작, 1801년).

*

　옛 거장들 가운데서 독일의 헨델과 제바스티안 바흐만이 천재를 가졌습니다.

──루돌프 대공에게, 1819년

*

　"화음의 시조" 제바스티안 바흐의 드높고 위대한 예술을 대하면 나의 마음은 사뭇 뛴다.

──호프마이스터에게, 1801년

*

　어느 때나 나는 모차르트의 가장 열렬한 찬탄자의 한 사람이었다. 나는 생애의 마지막 순간까지 그럴 것이다.

──슈타틀러에게, 1826년

*

　다른 모든 무대 음악보다도 귀하의 작품들을 나는 높이 평가합니다. 귀하의 새로운 작품들을 들을 때마다 나는 황홀감을 느낍니다. 그리고 내 자신의 작품에 대해서보다도 더욱 큰 흥미를 가지게 됩니다. 요컨대 나는 귀하를 존경하고 사모합니다……"귀하는 언제나 현대 음악가 중에서 내가 가장 높이 평가하는 분일 것입니다. 만약 나에게 커다란 기쁨을 베풀어 주실 생각이 있으시다면 몇 줄만 적어 보내 주십시오. 그러면 참으로 감사하겠습니다. 예술은 모든 사람을 결합시킵니다." 하물며 진정한 예술가들임에랴! "그리고 귀하는 아마도 나 역시 그 중의 한 사람으로 생각해 주시리라고 믿습니다"*

—— 케르비니에게, 1823년

---

* " " 안에 들은 부분은 프랑스어로 쓰여져 있는데 거기에는 철자법의 오용이 여러 군데 있다. 이 편지에 대하여 케르비니가 회답을 하지 않았다는 것은 앞서 말한 바와 같다.

비평에 대하여

예술가로서의 나로 말하자면, 나에 관한 다른 사람의 비평에 대하여 내가 조금이라도 주의를 한 일이 있다는 말을 들어 본 사람은 없으리라.

—— 쇼트에게, 1825년

*

나도 볼테르가 말한 것처럼, "파리가 쏘는 것쯤으로는 부리나케 내달리는 말을 멈출 수는 없다"고 생각한다.

—— 1826년

*

저 어리석은 무리들은 지껄이고 싶은 대로 지껄이게 해두면 그만이다.

그들의 객설이 어느 누구 한 사람이라도 불멸되게 만들 수도 없으려니와, 또 아폴로 신이 불멸의 영예를 주기로 정한 사람들로부터 불멸성을 빼앗을 수도 없으리라는 것만은 확실한 일이다.

— 1801년

베토벤에 대한 감사*

빈의 베토벤 기념제의 강연

로맹 롤랑

---

* 이것은 베토벤 1백주년 기념제를 위해서 1927년 2월 28일 빈에서 로맹 롤랑이 낭독한 것이다.

베토벤에 대한 감사

우리 생활의 위대한 반려가 되어 주었던 그분에게 나는 이 한 세대의 감사의 말을 —— 감사의 노래를 바친다.

우리들이 어릴 때부터 그가 얼마나 우리를 위한 친구이자 조언자이며 위로자였던가는 임시변통의 빈약한 말로는 도저히 표현할 수가 없다. 그렇지만 당신들 —— 몸소 그것을 경험하신 당신들은 나와 마찬가지로 그 사실을 알고 있다. 나의 말을 듣고 있는 분들 가운데 대부분은 베토벤에게서 도움을 받았다. 대부분의 사람들은 시련을 당하면 베토벤에게 도움을 청하고 그의 힘차고 친절한 영혼 속에서 고뇌의 완화와 사는 용기를 배워 왔던 것이다.

여기서 내가 말하고자 하는 것은 우리들은 모든 나라의 우리들을, 이 세상에서 그의 생애 뒤를 잇는 세기에 살고 있는 우리들을 그가 어떻게 일으켜 세웠는가 하는 그 사실이다. 그것은 바로 그가 괴테의 다음과 같은 말을 인용했던 날 예견하고 있었던 그대로인 것이다.

"내가 나와 같은 세대의 사람들로부터 받지 않으면 안 되었던 부당한 손실의 대가를 이 다음의 세대, 또 그 다음의 세대가 두세 번씩 지불해 줄 것이다……"*

생각건대 모든 정복 가운데, 정신에 의한 정복만큼 고귀한 것은 없다. 그래서 정신영역 가운데 음악에 의한 정복만큼 깊고도 멀리 영향을 미치는 것은 없다. 어떤 사람과 대화를 하던 중 베토벤은 아주 유명한 다음과 같은 말을 했다.

"음악은 정신생활을 감각생활로 매개하는 것이다".

우리들이 위대한 음악가의 사상에 몰두하는 것은 감각에 의해서이다. 그 사상이 의미하고 있는 바의 것을 우리들이 터득하기 이전에 감각은 먼저 우리들의 육체에 스며든다. 그러한 사상이 여자나 어린이의 영혼과 같이 유순한 영혼을 어느 틈엔가 감화시켜 훌륭하게 만드는 것은 그와 같은 지고(至高)의 마술에 의해서인 것이다.

베토벤의 음악이 수많은 젊은 유럽인의 영혼을 얼마나 단련시켰는가를 나는 여러분에게 제시해 보고자 한다. 그리고 여러분 앞에서 내 자신의 추억을 거슬러 올라가면서, 그가 우리들 본질의 밑바닥에 침투해서 그의 정신과 의지의 힘찬 표적을 남겨 둔 그 신비한 코스를 찾아 내도록 시도해 보고자 한다.

---

* 『서동시편』(west-östlicher Divan)의 괴테의 서문. 베토벤은 자기가 가지고 있던 책의 이 부분에 밑줄을 긋고 있었고, 그것을 그의 「회화수첩」에 적어 두었다.

베토벤의 음악에 대한 나의 가장 오래된 두 가지 추억, 즉 내가 처음으로 그를 만난 것은 8월의 어느 조용한 날 오후 스위스의 어느 수도원에서 들은 「전원교향곡」을 통해서이다. 그곳에는 작은 새들의 지저귐이 오케스트라의 새소리들과 뒤섞여 있었다. 나는 그 이전에는 이 곡에 대해서 전혀 알지 못했다. 그리고 그 순간 이 곡에 도취하여 음악이라는 것의 본질조차도 나는 어느새 잊어 버리고 있었다. 마치 그곳에 여름이 완전히 들어서 있는 것 같은 느낌이 들었다. 나는 햇빛에 반짝이는 자연의 웅성거리는 몽상에 젖어서 황홀함을 느꼈다.

두번째는 파리의 극장에서였다. 숨이 가쁘고 실내등의 불빛조차 느낄 수 없는 저 위쪽의 좌석, 어두컴컴하고 열띤 정열의 소용돌이가 흐르고 있는 수많은 청중 속에서였다. 연주된 곡은 「제7교향곡」이었는데, 그 곡은 아직 내가 들어 보지 못한 곡이었다.

침묵…… 최초의 음이 울려퍼지자, 이미 나는 어떤 숲속에 있었다. 시작의 우렁찬 화음 위에 오보에와 클라리넷이 그 느릿한 몽상을 전개하고 전조의 그늘이 그곳을 가로지른다. 피아니시모로 현의 바이브레이션이 고조된다. 이것이야말로 정녕 숲이다── 동요하는 숲, 이윽고 다시 조용히 명상의 주제를 되찾는 숲이다. 도중에서 숲속의 공자와 같은 작은 공간이 전원풍의 오보에로 만들어진다. 거기서 잔잔해진 영혼이 노래한다. 숲의 장중한 속삭임과 그 거대한 호흡이 그것을 둘러싸고 있다. 그 호흡은 고조되고, 다시 빠져든다. 하나의 휴지(休止). 귀를 기울인다. 메아리 속의 반응. 숲속의 호소. 오케스트라의 심벌즈가 서로 재촉하는 듯한 가락── 일체가 기다리고 있다. 일체가 비약의 준비를 한다. 그러자, 보라! 단단장격

(短短長格)의 음률. 그리고 무도. 처음에는 작은 장식음과 단연부를 지닌 시골풍의 아우성으로, 부드럽고 조용하다. 조금씩 전체가 동요한다. 영혼의 온갖 뉘앙스. 우울. 불안하고 거친 힘. 나뭇잎 사이의 바람의 떨림. 자랑스러운 듯한 팡파르. 전체가 조금씩 분위기 속으로 끌려들어간다. 론도는 알레그로의 제2부분에서 점차로 쌀쌀하고 급격하고 엄하고 괴롭히는 듯하고 어수선하고 홀린 듯한 성질을 띠게 된다 —— 이윽고 그에 잇따른 이상한 피날레, 저 신비스러운 피아니시모, 저 그늘의 심연. 그 위에 폭넓은 빛이 쏟아지며, 거기서 거인적인 힘이 떠오른다. 그 주제는 크고 반복적이며, 충각(고대의 전투에서 성의 장벽을 돌파하기 위해 쓰여진 장비)과 같이 내던져지고, 돌토막처럼, 공중에 걸린 물체처럼, 날아가는 도중에 정지된다. 그리고 마지막에 숨을 헐떡이는 포르테시모. 민중의 격렬한 댄스. 그 춤은 슈보셰(기마행진) 가운데 종말을 고한다.

이 두 교향곡의 경우에 공통적인 하나의 인상은 자연(la Nature) —— 들 또는 숲, 태양 혹은 밤 —— 과 그 자연에 동화하여 그 모든 힘에 편입되고 그 떨림과 리듬과 법칙과 본질이 재료를 사용해 숭고한 유희를 만들어 내는 정령이다. 올바른 현실을 파악하고 있는 것과 꿈에 대한 그 전환이다. 그 꿈은 옷 속에서 우주의 본질의 핵심에 대해 투철하기 때문에 현실보다도 더욱 참되다.

그렇다, 지금이야말로 이 사실이 나에게는 확실하게 이해가 된다 —— 그러나 그때 그것을 들으면서 나는 어디에 있었던 것일까? 어린아이 같은 나의 영혼은 어디에 있었던 것일까? 의지도 갖지 못하고 숨도 쉬지 못하고 저 환상의 신성한 선풍에 날아가 버렸던 것일까?

내가 빠져 있었던 망아의 상태 속에서, 자기의 마음 속에 형성되고 있는 상태를 나는 아직 조금도 분별할 수가 없었다. 나중에 가서야 비로소 그것을 알 수 있었다. 오늘날 나는 그것을 잘 알고 있다. 그것을 분명히 이해할 수 있는 곳까지 도달했다고 믿는다. 그리고 내가 여기서 내 자신의 어렸을 때의 인상을 되찾으려는 것은 여러분 자신의 인상을 여러분 각자가 이해할 수 있도록 돕는 것이라고 생각하기 때문이다. 그 이유는 우리들 모두는 동일한 인간이어서, 그저 의식의 강도와 확실성의 정도를 달리하고 있는 것뿐이기 때문이다. 우선 베토벤의 음악이 내 마음을 감동시키는 것은 이것이다.

한마디로 음악은 그 선정된 사람들의 작품에 있어서 하나의 사념에 대한 집중력을 전개시키는 것이다. 그것은 움직여 가는 건축이어서 그 모든 부분이 한꺼번에 청취되지 않으면 안 된다―― 그렇지만 베토벤의 음악에 있어서만큼 사상의 이러한 통합력이 강렬하고 부단하며 파악하기 힘든 것은 없다.

이것이야말로, 그와 같은 시대의 모든 음악가들로부터 그를 구별하는 본질적인 특질이라고 한다면, 그것은 통합력의 묘한 단안에 의한 것이기 때문에 그의 모든 작품은 그 증거를 드러내고 있는 것이다.

그의 위대한 작품 중 하나인 어떤 미사곡 속에서 그것을 깨달은 것은 벌써 이전의 일이다. 그가 생존해 있을 때부터 E.T.A. 호프만은 「제5 교향곡」의 모든 주요 선율이 서로 긴밀한 관계를 가지고 있다는 데 놀라고 있었다. 최근의 연구가 중 어떤 사람은 "그의 여러 작품은 그 모든 제작, 모든 부분, 모든 주요 선율에 있어서 단 하나의 모티프를 변주한 것이다"*라는 법칙을 그의 작품 전부에 대입시키려 하고 있다. 이 법칙이 그의 작품 전부에 적용될지(나는 그것을 지나친 극단이라고 생각하지만) 어떨지는 차치하고 그의 모든 작품이 하나의 철의 의지를 표현하고 있다는 것에는 이론의 여지가 없다. 무서우리만큼 하나의 사념의 위를 응시하고 있는 인간을 느끼는 것이다. 그리고 그것은 이미 어떠한 외계의 진동으로도 그것을 혼란시키려고는 하지 않았던 청각장애인을 위해서 그의 속에 갇혀 있었던 고독한 자의 소행만은 아닌 것이다(그렇게 생각하기는 하지만). 확실히 청각장애가 오기 전에도 그러한 특징은 나타나고 있었다.

청년시절의 작품 이래, 1791년의 피아노와 바이올린 및 바이올린 첼로를 위한 삼중주 이래, 동일한 주제가 각각의 작품을 통해서 다루어지고 변형되어 있다는 것이 G. 드 생 푸아의 최근의 발견에 의해 제시되고 있다. 그것은 천성적인 경향이다. 어릴 때부터 베토벤은 자기 속에 깊이 몰두하여 그의 음악을 듣는 사람들까지도 그의 내부의 환시 속에 —— 육체이기도 하지만 동시에 정신이기도 한 저 눈 없는 환시 속에 —— 끌어들였다. 거리를 걷거나 산책하거나 대화하는 도중에 갑자기 사념이 그를 엄습하면, 그는(그 자신 또는 그의 가까운 사람들이 말한 바와 같이) 망아상태가 되었다. 이미 자기 자신 속에 속하지 않고 사념의 소유가 되는 것이었다. 그러나 그는 그 사념의 소유가 되지 않는 동안은 자기 자신을 놓치지 않았다. 어떤 사람이라 할지라도 그의 추구를 단념시킬 수는 없었다. 그는 절박한

---

* 발타 엥겔스만은 투철한 논문 "Die Sonatenform Beethovens. Das Gesetz" (*Die Musik*, XVII Jahrg. Heft 6) 및 "Die Sonatenform Beethovens", dargestellt in der 5. sinfonie (dresden Anzeiger : Wissen schaftliche Beilage, Iu 8. februar 1927)을 참조할 것.

심정으로 베티나 브렌타노에게 이렇게 쓰고 있다.

"나는 이것이 신뢰할 수 있는 것이라고 생각한다.* 왜냐하면 이 말의 리듬은 그의 성격에 대해서 알고 있는 우리들의 지식에 적합한 것이니까."

"……나는 그것(사념)을 추적하여 붙잡습니다. 그러면 그것이 나에게서 도망쳐서 들끓고 있는 덩어리 속에 사라지는 것을 봅니다. 다시 열의를 불러일으켜서 그것을 다시 한번 붙잡습니다. 나는 이제 도저히 그것을 잃을 수가 없습니다. 황홀한 경련 속에서 그것을 나는 모든 변조에 다양화하지 않으면 안 됩니다……"

이처럼 열광적인 추적과 포획되고 제어되어 길들여진 사념에 대한 다양화와——그것들은 듣는 자에게 리듬의 철퇴타와 환각에 홀린 반복, 그리고 오케스트라의 채색 및 전조의 육감적 연소를 위압적으로 부여한다——그것들은 자기를 내맡기는 소박하고 진실한 정신 및 감각에 대한 최면적인 효과에 있어서 서양풍의 요가를 불러일으키는 것이다. 인도의 요가와 마찬가지로 한번 그것에 접한 자는 걸을 때도 이야기할 때도 일할 때도, 일상생활의 모든 움직임 속에 그것을 자기의 몸에 익히게 된다. 그것은 지하층 속에 산다. 피하에 주사를 맞은 향유와 같은 것이다. 우리들의 사상의 혈액은 베토벤적 혈구에서 흘러나오는 강이다.

이것은 첫째 단계이며 맹목적인 획득의 수확이다. 둘째 단계는 우리들을 획득하는 거장을 발견하는 것, 우리들 속에 스며들어온 힘을 발견하는

---

* 베티나 자신도 이 망아상태에 빠져 있었다. 그녀는 베토벤의 천재를 의식할 수 있는 소질을 천성적으로 지니고 있었다. 차후에 나는 베티나의 심리적인 문제를 연구해 볼 생각이다——새로 발표된 기록에 의해서 지금 간신히 그것은 해명될 수 있게 되었다.

것 바로 이것이다. 즉 베토벤 이외에는 어떠한 음악가도 축척할 수 없었고 던져 줄 수 없었던 전대미문의 에너지 말이다. 그것은 자연의 한 요소이며 큰 폭포를 이루고 분류하는 흐름이다. 그것은 정신을 처내고 육체에 활기를 불어넣는다. 굉음을 울리는 수문이 정열의 조수 때문에 깨어질 때, 나는 무심코 일어서서 소리지르지 않기 위해서는 작은 팔걸이 의자에 꼼짝 않고 스스로를 억제하며 누르고 있지 않으면 안 되었다.

예컨대「영웅교향곡」의 종곡에 나타난 용약(勇躍),「제9교향곡」에 나타난 때아닌 부르짖음을 수반한 테너의 노래나 행진곡,「코리올랑」서곡에 나타난 분격의 폭발,「에그몬트 서곡」끝부분에 나타난 해방된 군중의 환호, 맹렬한 크레센도 그리고「제5교향곡」의 스케르초에서부터 흘러 피날레 속에 빠져들어가는 현기증 나는 조류, 혹은「레오노레」제2, 제3의 서곡에서 질주하는 종말의 흐름을 들었을 때⋯⋯ 나는 여기서 몇 개의 폭포의 여운을 상기하는 것으로 끝내련다. 그렇지만 이와 같은 급류는 베토벤의 음악에 무수히 많다. 그것은 때로는 풀어 놓여지고 때로는 압착되어 있다.

예컨대 내가 지금 예로 든「코리올랑」의 저 거대한 화음에서는 이런 것이 교대로 일어나는 것이다. 그것은 행진하는 음악, 다급한 습격의 질주 같은 음악이다. 율리우스 베네딕트가 전국을 뛰어 돌아다니는 리어 왕에 비유한 그 사람을──그 자신이 말한 바와 같이, 바깥 공기 속을 "산책하면서 작곡한" 그 사람을 거기서 얼마나 제대로 인정할 수 있을 것인가! 거기에는 잉크 병으로부터 끌어내어지는 듯한, 닫혀진 창문 안에서 들리는 듯한 음악 같은 것은 조금도 없다.

자기 자신의 몸을 진단하고, 자기의 품속에 마비되어 버리는 듯한 편안한 음악 같은 것은 거기에는 전혀 없다! 베토벤의 음악은 대기를 호흡하고 전진한다. 그리고 대기를 호흡시키고 전진시킨다. 그 때문에 그의 음악은 내가 앞서 예로 든 그런 종류의 최면술, 저 요가의 환혹에 대해서 행복한 반대작용을 하는 것이다. 그것은 실천의 요가, 진정한 유럽의 요가, 남성적이고 영모한 힘을 수반하여 작용하는 몽상이다. 그리고 무엇보다도 먼저 그것은 건전하다.

아주 멋지고 건전하다. 그것은 「트리스탄」(tristan)과 같이, 병적인 성격을 조금도 부정하지 않는 것과는 또 다른 불가항력적 에너지이다(나는 「트리스탄」을 비방하는 것이 아니다. 나는 그것을 예술적 걸작이라고 생각하고 있다.

그렇지만 이 일체를 섬기는 폭풍우(트리스탄)의 경로는 나락을 향할 수도 있을 것이며, 또한 사실상 그곳을 통과하고 있다. 거기에 이 작품의 친밀한 의미, 해방시켜 주는 죽음에 대한 갈망이 있는 것이다). 베토벤의 위대한 작품에는 결코 그런 성질은 없다. 그것이 불어오는 곳은 코르네이유의 목자의 원망 같은 낭음조를 그 울려퍼짐으로써 연주하는 대양이나 죽음의 심연 따위가 아니다. 그것은 봄과 여름의 광야 위에 불어 온다. 그것은 그 화음의 행진 그대로 단순하고 건강하다. "그것은 밭과 숲과 싸우는 인간의 호흡"이다.

자, 여기서 우리들은 세번째 단계, 즉 투쟁(Der Kampf)에 도달한다.

그의 감정을 분석해 보는 데 익숙지 않은 청중이라 할지라도 환상을 부여하고 지식을 주는 이 음악 속에 꿋꿋한 하나의 영혼적인 모티프가 있다는 것을 틀림없이 깨달을 수가 있을 것이다. 즉 그것은 두 가지 요소 간의 투쟁, 광대한 이원성이다.* 이것은 베토벤의 최초의 작품부터 최후의 작품에 이르기까지 나타나 있다. 이미 1798년의 「비창 주명곡」이나 1800년 이전에 만들어진 정열적인 소희곡(小戱曲)들이나 최초의 사중주곡이나 삼중주곡 등에서 여러분은 그것을 찾아볼 수 있을 것이다. 나는 서로 다른 인물과 인물이 서로 손상시키는 싸움을 조금도 느낄 수가 없다(그렇게 해석한다면 유치한 해석이라고 말할 수 있을 것이다).**

그렇지만 베토벤의 기백 —— 작열하는 방자하고 핍박한 이 폭풍우 같은 기백의 통일 그 자체 속에, 하나의 영혼인 두 가지 양태, 즉 하나이면서 두 개의 영혼이 있는 것이다. 그것들은 결합하고 또 반발하고 논쟁하고 격투하고, 서로 신체를 휘감고 있지만 그것은 싸움을 위해서라도 할 수 있으며, 또한 포옹을 위해서라고도 할 수 있다. 불균형한 두 개의 힘이며, 또한 마음속에서 다르게 발언하는 두 적수가 거기에 있다. 한편은 명령하고 억압한다. 다른 한편은 발버둥치며 신음한다. 그렇지만 이 두 적대자들, 정복자와 피정복자는 둘 다 고귀하다.

그리고 이것이야말로 중요한 점이다. 그들 중 경멸할 만한 것은 전혀 없다. 불순한 것이나 의심스러운 것은 털끝만큼도 없다. 어떠한 오점도 없는 것이다. 세계의 음악 가운데 이만큼 청결한 영혼의 인상을 안겨 준 것은 일찍이 없었다 —— 그에게 있어서의 승리나 패배가 다같이 우리들을 이롭

---

* 혹은 좀더 정확히 말하면(좀더 뒤에 알 수 있듯이) 그것은 존재의 양분이며, 말하자면 베토벤에 있어서는 만성의 상태이다.
** 예컨대 베토벤 자신은 그의 친구 베겔러나 신트라 등을 위해서 기꺼이 그런 느낌을 갖게 했다고 한다(베토벤에 대해서 내가 쓰는 새로운 책 속의 어떤 장에서 나는 이 사상의 유희에 대한 이유를 연구할 것이다).

게 한다. 그리고 어느 경우에나 마찬가지로 우리들의 마음은 일상의 범용한 오점을 씻어서 깨끗하게 해준다.

　이 숙영지 —— 이것은 베토벤의 음악을 듣는 자 중 대다수가 멈춰 서는 장소이지만 —— 에 오기까지 그가 어떠한 격투를 해왔는가를 우리들이 모른다는 사실을 여러분은 인정할 것이다. 적어도 우리들은 베토벤의 존재 속에 있는 이 싸움의 의미가 무엇인가를 모른다. 눈을 감고 우리들은 거기에 참여한다. 그러나 이미 우리들의 본능은, 우리들의 누구나가 이 싸움에 참가한 적이 있다는 것을 느끼고 있다.

　그리고 좀더 뒤에 우리들이 베토벤의 싸움의 의미를 알고 나면 그것은 하나의 새로운 발견이 아니라 우리들이 정의할 수 없었던 사항에 대해 베토벤의 이름을 주고 있었던 것에 지나지 않는다는 것을 알게 된다. 베토벤의 이 싸움이란 영혼과 운명 사이의 싸움이다. 나는 이것을 단지 추측으로써 말하는 것이 아니다. 나의 공상이 베토벤을 핑계 삼아 말하는 것도 결코 아니다. 베토벤 자신이 그것을 말하고 있다. 그가 쓴 것 가운데, 특히 저 피슈호프(Fischhoff)의 사본* 가운데서 발견할 수 있다. 그 자신의 감정 및 시인들의 작품으로부터 발췌, 인용한 글들로서 모두 한결같이 숙명에 대한 도전적이고 비극적인 음조를 지니고 있다.

　나는 그것에 관해 20여 가지의 실례를 들 수가 있다. 그 가운데 세 가지만을 선정해 본다. 그것들은 같은 계단 —— 거인의 계단 —— 을 오르는 세 개의 행진곡과 같다.

---

* 베를린 도서관에 있는 피슈호프의 사본에는 베토벤의 원고에서 베껴 쓴 일기가 포함되어 있다.

1. "지금, 운명이 나를 붙잡는다……" 자신은 영광 없이 먼지 속에 멸해 갈 것을 바란다!……

2. 그대의 힘을 보여라, 운명이여!…… 우리들은 스스로의 주인이 아니다. 결정되어 있는 사실은 그렇게 될 수밖에 없다. 이제, 그렇게 되는 것이 좋다!

3. 나에게 할 수 있는 것이 무엇이 있는가? ── 운명 이상의 것이 있는 것이다!*

동일한 싸움의 세 가지 외침, 세 가지 에피소드 ── 몸부림치는 긍지, 극기적인 인내, 그리고 정신의 승리 ── 우리들은 그의 음악 속에서 얼마나 자주 이 세 가지 외침을 듣는 것일까! ……그리고 마치 한 그루의 나무에 내리치는 나무꾼의 도끼의 울림이 숲 전체에 울려퍼지는 것처럼, 베토벤의 이 위대한 외침은 전인류의 마음속에 울려퍼졌다.

생각건대 그가 벌이고 있는 이 싸움은 또한 우리 모두의 싸움이기도 한 것이다. 그것은 모든 시대, 모든 나라의 것이다. 인간의 정신, 그 소망의 용약, 그 희망의 비상, 사랑과 가능성과 인식으로 향하는 강렬한 그 외침, 이것들이 도처에서 방해에 부딪친다. 즉 인생의 짧음이나 취약성, 제한된

---

* 이 세 가지 인용문은 1815년과 1861년의 것이다. 사람들은 제2의 인용문에서 최후의 현악사중주곡(작품 제135) 속에 제시되어 있는 질문 "그것만이 필연적인가? 필연적이다!"(Muss es sein? Es muss sein!)에 대한 매우 확고한 대답을 발견할 것이다. 이(사중주곡 속의) 질문에 대한 명확한 의미는 어떤 비평가들을 위해서 반쯤은 위로조로 애매하게 되거나 약화되었지만 질문이며 동시에 대답인 저 말 속에서 마치 시스티나의 한 예언자와 같이 자기 자신과 극적인 대화를 나누는 그의 정신의 무한한 논쟁을 인정하지 않는다면, 실제로 베토벤과 친숙하지 않았다는 사실을 증명하는 게 될 것이다.

모든 힘, 냉담한 자연, 병이나 실의, 기대의 어긋남 등에 부딪치는 것이다. 우리들은 베토벤에서 우리들의 패배와 고뇌를 목격하게 된다. 그렇지만 그것들은 그에 의해서 고귀한 것으로 되고, 웅대한 것으로 되어서 정화되고 있는 것이다.

  이것이 첫번째 보답이다. 그리고 두번째의 보답은 고민하는 이 사람이 우리들에게 용감한 체념과 괴로움 속의 평안을 부여해 준다는 것이다. 그는 인생을 있는 그대로 보고 있는 그대로의 인생을 사랑하는 이 체념적 조화를, 운명과 결탁해서 자기의 패배로부터 하나의 승리를 만들어 냈다. 「제5교향곡」이나 「제9교향곡」에서 보이는 저 심오한 피날레야말로 쓰러진 자기 자신의 신체 위에, 광명을 향하여 의기양양하게 일어서는, 해방된 영혼이 아니고 그 무엇일까?

  이 승리는 고독한 한 인간의 것에 그치지 않는다. 그것은 또한 우리들의 것이기도 하다. 베토벤이 승리를 획득한 것은 우리들을 위해서이다. 그는 그것을 원했던 것이다 ── 타인을 위해서 일하려고 하는 소망은 끊임없이 그의 마음에 되살아났다. 원긴대 그의 불행이 자신 이외의 인간에게 유용하게 되기를! 여러분은 하일리겐슈타트의 유서 속에 담긴 아름다운 말을 기억하고 있을 것이다.

    모든 불행한 사람들은 자기와 같은 한낱 불행한 사람이 자연의 갖은 장애에도 불구하고 우수한 사람들과 예술가의 대열에 참여할 수 있고자 전력을 다하였다는 것을 알고 위로를 받으라!(1802년)

그 기간의 모든 교향곡이 하나의 승리를 나타내고 있듯이 10년간의 광대한 싸움 후 행복을 갈망하고 있던 이 사람이 이 세상에는 자기를 위한 행복은 없다고 깨달았을 때, 자기 포기의 말은 무엇이었던가?

"너에게는 이제 자기 자신을 위한 인간이란 허용되어 있지 않다. 단지 타인을 위해서만……"(1812년)

자기의 예술이 타인에게 도움이 되게 하려는 생각은 그의 편지 속에서 끊임없이 반복되고 있다. 베겔러에게 보낸 편지 속에서 그는 모든 이해타산적인 생각으로부터, 모든 '하찮은 허영심'으로부터 자기 자신을 방어하면서, 자기의 생활에 단 두 가지의 목적만을 가지고 있다. 그것은 "성스러운 예술에 대한" 헌신과 타인을 행복하게 하기 위한 행위이다.

"타인을 위해서 일할 수 있다는 것은 어릴 때부터 나의 최대의 행복이며 즐거움이었다"(1824년).

"가련하게 고민하는 인류에게 도움이 되고자 하는 나의 열의는 조금도 변한 적이 없다"(1811년).

그는 또한, "미래의 인류에게" 도움이 되기 위해서(1815년)라고도 말하고 있다.

이 생각에 대해서 우리들은 오해하지 않기로 하자! 공리적인 계획에 굴종하는 예술, 민주주의에 대한 어용을 위해서 제조되고 수정되는 예술 —— 오늘날 '사회적' 예술이라고 불리는 것 —— 과는 하등의 관계도 없는 것이다. 아니, 예술은 베토벤에 있어서는 그 자체가 바로 하나의 목적이었다.

"생명이라는 이름이 붙는 모든 것은 숭고한 사람에게 진상되는 예술

에 바쳐지리라!"(1815년)

"예술은 살아 있는 신이다. 오오, 만물 위에 계신 하느님!"(1816년)

"전능자의, 영원자의, 무한자의 영광을 위해서!"(1815년)

그리고 이 개인적인 수기들은 베티나(1810년) 및 J.A. 스텀프(1824년)가 모두 베토벤의 말이라고 알리고 있는 종교적인 위대한 말과 일치한다——

"하느님은 나의 예술 속에서 다른 어떤 것보다도 내 가까이 있다…… 음악은 모든 철학보다도 더욱 높은 계시이다. 한번 나의 음악을 이해한 자는 다른 사람들이 질질 끌려다니는 불행으로부터 벗어날 것임에 틀림없다!"

그렇다 하더라도 사람들의 기호에 맞는 것까지 양보하는 것은 도대체 말이 되지 않는다. 살아 있는 신에 대해서, 예술에 대해서 양보를 한다는 것은 가능한 것이 아니다! 예술을 사람들이 있는 곳으로 가지고 가서 사람들의 신장에 맞도록 낮출 수는 없는 것이다. 다만 그들 쪽이 거기까지 고조되도록 하기 위해서만 예술은 사람들에게 주어져야 하는 것이다

지금까지 베토벤 음악의 차원에 있어서야말로 위대한 민중적 음악의 조건을 구체화했다고 말한다면(「에그몬트」나 「제5교향곡」 또는 우리들의 「민중제」의 토대석이 되어야 할 「제9교향곡」의 합창과 같이) —— 또한 베토벤이 헨델과 함께, 특히 이상적인 민중, 오늘날의 민중보다도 더욱 완전한 민중, 반드시 있어야 할 민중의 가수였다고 한다면 —— 더구나 이전에 어떠한 음악가도 그 이상의 에너지를 가지고 사회민중에 대한 예술가의 독립을 공언한 적이 없다고 한다면, 그것은 다음과 같은 이유 때문이다.

"'나는 군중(Menge)을 위해서 쓰지는 않는다'라고 그는 「피델리오」를 만든 후에 부르짖었다"(1806년).*

그리고 1820년 죽음이 가까워 왔을 때 그가 말했다.

"'민중의 목소리는 신의 목소리다'라고 말하지만, 나는 결코 그런 것을 믿은 적이 없다."

아니, '민중의 목소리'는 '신의 목소리'가 아니다. '신의 목소리'가 '민중의 목소리'가 되지 않으면 안 된다. 신의 목소리야말로 베토벤이 스스로를 통역자라고 믿고, 그것을 사람들에게까지 운반하는 자라고 믿고 있었던 그것이다. 그리고 민중에 봉사하는 최선의 유일한 길은 참으로 순수한 이런 목소리를, 조금도 그 힘과 그 밑바닥의 진리를 약화하는 일 없이, 그들에게 들려 주는 일이다. 그런데 그의 내적인 신이란, 그의 최선의 부분, 가장 사심이 없는 자, 또한 가장 용감한 자, 즉 자신의 헌신이기 때문에, 그는 그 음악 속에서 이러한 자기 헌신을 타인에게 주었던 것이다. 그의 음악은 그의 피다. 그것은 십자가에 못박힌, 그리고 곧바로 부화하려고 하는 영혼이 속죄된 고뇌 속에서 자기 자신을 양식으로서 다른 사람에게 제공하는 일종의 "성찬"이다.

그와 가까웠던 같은 시대 사람들 가운데 가장 총명한 사람들은 공감에서 얻은 통찰력에 의해서 베토벤의 이 내적인 위대한 헌신의 극을 충분히 인식하고 있었다. 그래서 그들의 마음은 경건한 감동을 위해서 위축되어 있었다. 렐슈타프, 로홀리츠, 프로이덴베르크(1822-25년)는 "무수한 사람

---

* 뢰퀼(Roeckel)의 말.

에게 다만 기쁨을, 깨끗한 영적 환희를 주는"——또한 "자기의 최선의 것을 세상에 주기 위해서, 비단 자기의 행복을 희생했을 뿐만 아니라 자기의 전부를 바쳐 깊이 상처를 입고, 자기의 몰락에까지 가까이 가지 않으면 안 되었던……" 슬픈 사람, 인내와 우울을 간직한 사람, 즉 "병들고 우울한 인내자"를 그려 내기 위해서, 어려운 표현을 쓰고 있다.

이 비창하고 신성한 특징이야말로 베토벤의 음악에 하나의 덕을 주는 것이다. 그리고 이 덕은 듣는 자가 이 음악을 다른 모든 음악과 비교해 볼 때 뒤늦게 정의를 내려 볼 생각을 갖게 하는 것이다. 즉 만약 이렇게 말해도 된다면 "마음에서 마음으로"* 향하는 "직접성"인 것이다.

계시를 주는 자의 마음과 그것을 받아들이는 자의 마음 사이에는 아무런 장애도 없다. 어떤 군말도 없다. 감동의 순수한 표현 이상이나 그 이외의 강조도 없으며, 하나의 대상이나 장식이나 강조도 없다. 그래서 일체가——표현이나 감동이나——더할 나위 없이 직접적이며, 더할 나위 없이 간명하다…… 「피델리오」(1804년) 뒤에 그가 쓴 것처럼 "점점 더 간명한" 것이다.

이제는 아우성이나 몸짓이나 웅변도 없다——베토벤은 최초의 일격으로 거기에 도달한 것은 아니었다. 혁명과 왕정시대——영웅적인 정열과 행위가 깃 장식을 단 기마행렬을 하고 있었던 저 웅대한 시대에 그는 살아 있는 인간으로서 자기의 성질에 안착되어 있는 로맨틱한 혈기에 대항해 몸소 싸우지 않으면 안 되었다. 베토벤의 반생의 작품에서는 가장 위대한

---

* 그의 「장엄 미사곡」의 'Kryie'(첫 미사의 기도) 위에 쓴 말이다. "마음에서 오리니! 바라건대 다시 마음으로 돌아가도록!(Vom Herzen! Möge es wieder zu Herzen gehen!)

작품 속에서도, 숭고한 「영웅교향곡」 속에서까지도 여전히 모자의 깃 장식과 같은 자부심의 장식이 있다. 그렇지만 베토벤이 나이를 먹어감에 그 정신이 점차로 경건해지고 따라서 그는 그 웅변의 화려한 옷을 벗어던졌다. 이젠 대화해야 할 상대는 오직 신밖에 없는 이상, 거창한 표현 따위는 필요하지 않았던 것이다. 끝까지 말하지 않아도 서로 마음이 통하는 것이다…… "점점 간명하게!" 본질을 말하라! 다른 것은 침묵하라!

그리하여 어떤 "비가"나 최후의 현악사중주곡 등 저 신성한 나신에 도달한다. 이것은 예술의 기적이다. 더욱이 많은 예술가들은 조금도 이 사실을 깨닫지 못한다. 예술이 그 속에 존재하지 않는 것처럼 보일 만큼 순수하고 단순한 저 윤곽의 곁을 조금도 그것에 주의하지 않고 냉담하게 지나치는 예술가들을 나는 보았다. 그들은 그것이 예술 이상의 것이라는 것을 깨닫지 못한다. 그와 같이 자기 자신을 버리는 높이에까지 도달하기 위해서는 예술의 최고봉에 한번 도달하여 다시 그것을 넘어서지 않으면 안 되는 것이다.

좋은 교훈이다. 한 예술가에게 있어서뿐만 아니라 모든 인간에 있어서! 왜냐하면 이와 같은 절대적인 단순성과 진실성은 예술의 지고한 성취인 동시에 아주 꿋꿋한 도덕적 덕성이기 때문이다. 베토벤의 "음악의 복음서" 가운데 이런 것에 대한 자각에 투철한 사람들은 이미 예술과 생활 속에 존재하는 허망에 견딜 수 없게 된다. 베토벤은 정직과 성실의 위대한 스승이다.

나는 나와 같은 시대의 모든 스승들로부터보다는 베토벤으로부터 더욱 많은 가르침을 받아 왔다. 나는 내 자신의 최선의 것을 베토벤에게서 얻고 있다. 그리고 모든 나라들의 수많은 겸허한 사람들이 위로와, 삶에 대한 힘과, 그리고 —— 나는 영혼의 깨끗함과 진리를, 이라고는 말하지 않는다. 누군가 그것을 이미 획득했다고 자부할 자가 있을까? —— 이와 같은 정상 및 그 더러움이 없는 영기에 대한 열렬한 동경을 베토벤에게서 얻고 있다고 나는 생각한다.

나는 수많은 숨은 제자들의 공경을 '스승'이며 반려인 사람의 발 밑에 바치기 위해서 왔다. 우리들은 —— 지상의 온 민족으로 이루어진 우리들은 그로 인하여 결합한다. 그는 '유럽의 친화'와 인류애의 빛나는 상징이다……

(1927년 3월 26일)

(『베토벤에 대한 감사』는 음악학 교수 네루르의 논문 「로맹 롤랑과 음악」을 첨부하여 1951년에 독일에서 처음 단행본으로 출판되었다 —— 편집자 주)

베토벤의 수기

「전원교향곡」은 회화적인 묘사를 갖지 않는다. 전원에서의 기쁨이 사람의 마음에 불러일으키는 여러 가지 느낌의 표현이며, 그것에 부수해서 전원생활의 몇 가지 감정이 그려져 있다(1808년).

*

동쪽은 아침 —— 서쪽은 저녁 —— 남쪽은 한낮 —— 북쪽은 한밤중(1813년).

*

현재와 같은 일상생활을 이제 더 이상 계속하지 말아야 한다! 예술도 또한 이 희생을 요구하고 있는 것이다. 기분 전환에 의해서 휴식하는 것은 한층 힘차게 예술작업에 노력하기 위해서여야 한다(1814년).

*

헨델과 바흐와 그리그와 모차르트와 하이든의 초상화를 나는 내 방에 걸어 놓았다. 그것들은 내 인내력을 강하게 해준다(1815년).

*

전원에 있으면 내 불행한 청각도 나를 괴롭히지 않는다. 거기서는 한 그루 한 그루의 나무가 나를 향해서 "신성하다, 신성하다" 하고 말을 걸고 있는 것 같지 않은가? 숲속의 환희와 황홀! 누가 감히 이런 것을 표현할 수 있겠는가?……(1815년).

*

신은 물질이 아니다. 그러므로 신은 일체의 개념을 초월한다. 신은 볼 수 없으므로 모양을 지니는 적은 없지만, 가지각색의 작품에서 우리들이 인지하는 바에 의해서 우리는 신에 대해 결론짓는다──신은 영원하며, 전능하며, 전지하며, 한곳에 치우쳐 존재하고 있는 것을. 일체의 욕망으로부터 해탈해 있으므로 정말 강한 것은 오직 그뿐이다…… 강한 신은 공간의 어디에든 현존해 있다…… 오! 신이여, 당신은 모든 시간과 장소의 진실된, 영원히 복되고 불변하는 빛입니다. 당신의 예지는 무수한 법칙을 인정하면서, 더욱이 당신의 행위는 항상 자유이며 당신의 행위의 결과는 항상 당신 자신의 영광이 됩니다…… 당신에게 일체의 찬송과 공경이 바쳐

1819/20년의 베토벤
조세프 카를 슈틸러의 유화.

지이다! 당신만이 참된 정복자입니다. 모든 법칙의 실체, 모든 예지의 모습인 당신은 전우주에 현존하여 모든 사물을 유지하고 있습니다(1815년).

*

신으로부터는 모든 것이 깨끗하게 흘러나온다. 내가 몇 번인가 정념 때문에 악의 길에서 어슬렁거릴 때, 회오와 정제를 반복함으로써 나는 최초의 숭고하고 맑고 깨끗한 원천으로 돌아왔다 —— 그리고 예술로 돌아왔다. 그렇게 되자 어떠한 이기심도 마음을 움직이지는 못하였다. 언제나 그랬으면 좋겠다. 나뭇가지는 매달린 열매의 무게에 휘어지고, 구름은 상쾌한 습기로 가득 찰 때 비를 내린다. 인류의 선행자들도 자기의 풍부한 힘에 방자하지는 않다. 만약에 무거운* 속눈썹 밑에 눈물이 맺혀 고인다면, 그것이 흘러내리지 않도록 강인한 용기를 가지고 참아라. 연결되어 있는 작은 길이 높아지거나 낮아져서 올바른 길이 어느 것인지 판단이 어려운 이 세상의 너의 여로에 있어서, 순탄한 대로에 너의 발자취가 생길 수 없겠지만 그래도 덕의 힘은 언제나 올바른 방향으로 너를 전진하게 할 것이다(1815년).

*

…… 언제나 행위의 동기만을 중요하게 여기고 귀착하는 결과를 생각하지 말라. 보수에 대한 기대를 행위의 근거로 삼는 사람들의 한 사람이 되지 말라…… 정진해서 의무를 다하라. 좋든 나쁘든 결과와 귀착에 대한 생각을 일체 지워 버려라. 왜냐하면 이와 같이 담백한 침착만이 정신적인 것에 대한 열중이니까. 다만 예지만을 피난처로 삼아라…… 참다운 현자는 이 세상에 있어서 결과의 선악을 고려하지 않는다. 그러므로 너의 이성을 그와 같이 훈련하도록 노력하라. 이성의 그러한 훈련은 인생에 있어서 고귀한 예술의 하나이다(1815년).

---

* 라이츠만 판에서는 '아름다운'으로 되어 있으며 로맹 롤랑의 연구서(1938년) 속의 인용문에서는 '무거운'으로 되어 있다.

*

　무한한 정적의 그늘, 아직 정령들의 숨길도 감돌지 않은, 통과하기 힘들고 도달하기 더욱 힘든, 헤아리기 어렵게 펴져 있는 수풀의 두꺼운 어둠에 싸여 다만 자신의 영만이 있었다── 마치(무한성에 유한성을 비교해 보기 위해서) 멸망해야 할 운명을 가진 자의 눈이 밝은 거울을 들여다보는 것처럼……(1815년)*

*

　숲속의 전능자여! 숲에 있으므로 나는 행복하다. 한 그루 한 그루의 나무가(신이여) 당신을 통해서 말한다. 오! 신이여, 얼마나 멋진지! 이 숲의 높은 곳에는 고요함이 있다──신을 섬기는 고요함이(1815년).

*

　인내──(신에 대한) 인종──인종! 이렇게 극도의 불행 속에서조차 아직 얻을 바가 있고, 신에 의해 우리들 자신은 우리들의 결점을 용서받을 만한 자가 될 수 있다(1816년).

*

　"유감스럽지만 세상의 범용한 자들은 거장의 작품에 대한 참다운 아

---

* 이상 네 구절의 문장에는 그 무렵 베토벤이 독일어로 읽고 있던 인도 철학서적에서 인용한 문구가 들어 있다. 그 책에 관한 롤랑의 조회에 대한 인도의 카리다스 나그 박사의 회답에 의하면 『우파니샤드』와 『바가바드 기타』가 그 글을 인용한 책이 아닌가 하는 것이었다.

름다움을 이해하지 못하고 그 결점을 모방한다. 미켈란젤로가 회화에, 셰익스피어가 극예술에, 그리고 현대에 있어서는 베토벤이 음악에 화(禍)를 이룬다고 하는 것은 거기서 생겨나는 것이다.*

*

정직과 자유는 최대의 재산이다(1817년).

*

"모든 변화에 침착하게 대응하자. 그리고 오오, 신이여, 다만 당신의 변함없는 자애에만 나의 신뢰를 두겠습니다"(1817년).**

*

우리들의 내적인 도덕률과 우리들의 위인 성신이 빛나는 하늘! 칸트!(1820년)***

---

* 이것은 프랑스의 신문이나 잡지에 실린 글을 베토벤이 발췌 인용한 것이다.
** 그리스챤 슈츠름의 저서에서 인용한 것이다.
*** 위의 수기 원문은 라이츠만의 『베토벤』에 의한 것이다.

문 헌

베토벤을 좀더 잘 알고자 하는 사람은 다음의 서적과 기록 등을 참고할 수 있을 것이다.

1. 베토벤의 서간에 관한 문헌

루트비히 놀, 『베토벤 서간집』(Ludwig Nohl, *Briefe Beethovens*, 1865, Stuttgart).

루트비히 놀, 『베토벤 속(續) 서간집』(Ludwig Nohl, *Neur Briefe Beethovens*, 1865, Stuttgart).

루트비히 리터 폰 쾨헬, 『루돌프 대공에게 보낸 베토벤 서간 원문 83통』(Ludwig Ritter von Koechel, 83 *Originalbriefe L.v. Beethovens an den Erzherzog*

Rudolf, 1865, Wien).

알프레트 쇠네, 『에르되디 백작부인 마리에게 보낸 베토벤 서간집』(Alfred Schoene, *Briefe von Beethoven an Marie Gräfin Erdödy*, 1866, Leipzig).

테오도르 폰 프림멜, 『새로운 베토벤 연구자료』(Theodor von Frimmel, *Neue Beethoveniana*, 1886).

목록 : 1890년 5월 11일부터 15일까지 본 시에서 열린 베토벤 기념제 때의 베토벤 수기, 서간, 초상, 유물 전람회 목록(Katalog der mit der Beethovens Feier zu Bonn, an 11-15. Mai 1890 verbundenen Ausstellung von Handschriften, Briefen, Bildnissen, reliquien Ludwig van Beethovens, 1890, Bonn)

라 마라, 『5세기 동안의 음악가들의 서간집』(La Mara, *Musikerbriefe aus fünf Jahrhunderten*, 1892, Leipzig)

A. 크리스티안 칼리셔 박사, 『신 베토벤 서간집』(Dr. A. Christian Kalischer, *Neue Beethoven-Briefe*, 1902, Berlin und Leipzig).

A. 크리스티안 칼리셔 박사, 『베토벤 서간전집』(전5권 주석을 붙인 고증판)(Dr. A. Christian Kalischer, *Beethovens Sämtliche Briefe. Kritische Ausgabe mit Erläuterungen*, 1906-8, fünf Bände, Leipzig und Berlin).

프리츠 프렐링거 박사, 『베토벤의 서간 및 수기전집』(Dr. Fritz Prelinger, *Beethovens sämtliche Briefe und Aufzeichnungen*, 1907, wien und Leipzig, 3 Bände). (프랑스어 역본 —— 장 샹타부안의 서문과 주를 붙인 『베토벤 서간선집』(*Choix des letters de Beethoven*)이 1904년에 파리에서 출판되었다.)

2. 베토벤의 생애에 관한 문헌

고트프리트 피셔(Gottfried Fischer), 『수고』(手稿)(이것은 특히 베토벤의 소년시대에 관하여 흥미 깊다. 1864년 본에서 사망한 고트프리트 피셔는 베토벤의 가족이 두 세대에 걸쳐 거주한 집의 주인이었다. 그와 그의 누이 체칠리에는 어렸을 때의 베토벤과 친했다. 그리하여 그들의 추억을 적은 것인데 이 추억은 약간 비평을 가미하여 읽기만 한다면 퍽 귀중하다) —— 이 원고는 본에 있는 "베토벤의 집"에 보존되어 있다. 다이터스(Deiters)가 발췌해서 출판하였다.

베겔러, 리스 공저, 『베토벤에 관한 전기적 노트』(특히 베토벤의 전반생에 관하여 귀중한 문헌이다) —— 칼리셔 박사에 의하여 1905년 개판. 프랑스어 역(1862년)이 있으나 현재는 절판(F.G. Wegeler und Ferdinand Ries, *Biographisthe Notizen über Ludwig van Beethoven*, 1838, Koblenz).

루트비히 놀, 『베토벤을 사모하는 고요한 사랑』(1816년경 베토벤과 알게 되어 그를 사랑한 파니(Fanny giannatasio del Rio)의 일기를 출판한 것)(Ludwig Nohl, *Eine stille Liebe zu Beethoven*, 1857, Berlin).

안톤 쉰들러, 『베토벤의 전기』(후반경) —— 프랑스어 역(1866년)이 있으나 현재는 절판(Anton Schindler, *Beethovens Biographie*, 1840).

안톤 쉰들러, 『파리에서의 베토벤』(Anton Schindler, *Beethoven in Paris*, 1842, Münster).

게르하르트 폰 부로이닝, 『슈바르츠슈파니에르하우세에서』(슈바르츠슈파니에르하우세는 베토벤이 사망한 집으로 1903년 겨울에 헐렸다.)(Gerhard von Breuning, *Aus dem Schwarzspanierhause*, 1874).

모셸레스, 『베토벤의 생애』 2권(Moscheles, *The Life of Beethoven*, 2 vol. 1841, London).

알렉산더 벨로크 테이여, 『베토벤의 생애』 5권(Alexander Wheelock Thayer, *Ludwig van Beethovens Leben*, 5 Bände, 1908).

(헤르만 다이터스가 영어에서 독일어로 번역했고, 다이터스 사후에는 후고 리만이 그 사업을 계승하였다. 테이여의 저서는 1866년에 착수되었으나 1897년 트리에스테에서 저자가 사망함으로 말미암아 완성을 보지 못하였다. 저자는 트리에스테 주재 미국 영사였다. 테이여의 저서는 그 서술이 1816년까지 이르러 정지되었던 것이다. 다이터스는 이 전기를 완성하고자 하였으나, 그 역시 제2권을 출판하지 못한 채 1907년에 사망하였다. 리만은 다이터스가 남긴 자료를 가지고 이 전기를 완성하였다 —— 이것은 베토벤에 관한 저서들 가운데서 가장 중요한 것이다.)

루트비히 놀, 『베토벤의 생애』 4권(Ludwig Nohl, *Beethovens Leben*, 1864-77, 4 Bände).

루트비히 놀, 『동시대인들의 서술에 의한 베토벤』(Ludwig Nohl, *Beethoven nach den Schilderungen seiner Zeitgenossen*, Stuttgart).

A.B. 마르크스, 『베토벤의 생애와 창작』 2권(A.B. Marx, *L. van Beethovens Leben und Schaffen*, 1863, 2 Bände, Fünfte verbesserte Auflage, von G. Behncke, 1902, Berlin).

빅토르 빌더, 『베토벤, 그 생애와 작품』(Victor Wilder, *Beethoven, sa vie et son Oeuvre*, 1883).

마리암 텐거, 『베토벤의 불멸의 연인』(Mariam Tenger, *Beethovens unsterbliche Geliebte*, 1890).

(이 책의 사실적 가치에 관하여서는 많은 의문이 있었다. 마리암 텐거는 테레제의 만년에 그녀의 친한 말동무였다. 늙은 테레제가 자기의 추억을 저도 모르는 사이에 이상화하고 있었으리라는 것은 있음직한 일이다. 그러나 이야기의 내용에는 틀림이 없는 듯하다.)

A. 에르하르트, 『프란츠 그릴파르처』(A. Ehrhard, *Franz Grillparzer*, 1900).

테오도르 폰 프림멜, 『베토벤』(Theodor von Frimmel, *Ludwig van Beethoven*(in der Sammlung "Berühmte Musiker"), 1901, Berlin).

장 샹타부안, 『베토벤』(Jean Chantavoine, *Beethoven*, 1907).

A. 크리스티안 칼리셔 박사, 『베토벤과 그 동시대자들』 4권(Dr. Alfred Chr. Kalischer, *Beethoven und seine Zeitgenossen —— Beiträge zur Geschichte des Künstlers und Menschen*, 4 Bände, 1910). 베토벤의 친구였던 모든 남녀에 관한 매우 흥미 있는 기록 수집이다. 이 풍부한 참고 자료는 베토벤의 심리를 엿보는 데 새로운 관점을 제공하는 바가 있다.

3. 베토벤의 작품에 관한 문헌

『베토벤 작품전집』, 39권(Beethoven Sämtliche Werke, Breitkopf und Härtel, Leipzig, 39 Bände).

G. 노테봄, 『출판되어 있는 베토벤 작품의 색인 목록』(Gustav Nottebohm, *Thematisches Verzeichnis der im Druck erschienenen Werke von Ludwig van Beethoven*, 1868, Leipzig).

A.W. 테이여, 『베토벤 작품 연대순 목록』(A.W. Thayer, *Chronologisches*

Verzeichnis der Werke von Beethoven, 1865, Berlin).

G. 노테봄, 『베토벤의 초안첩(草案帖)』(G. Nottebohm, *Ein Skizzenbuch von Beethoven*, 1865).

G. 노테봄, 『1803년의 베토벤의 초안첩』(G. Nottebohm, *Ein skizzenbuch von Beethoven aus dem Jahre* 1803, 1880).

G. 노테봄, 『베토벤의 습작』(G. Nottebohm, *Beethovens Studien*, 1873).

G. 노테봄, 『베토벤 자료 : 속(續) 베토벤 자료』(G. Nottebohm, *Beethoveniana : Zweite Beethoveniana*, 1872-87).

조지 그로브, 『베토벤과 그의 아홉 편의 교향곡』(George Grove, *Beethoven and his nine Symphonies*, 1896, London).

J.G. 프로돔, 『베토벤의 교향곡』(J.G. Prodhomme, *Les Symphonies de Beethoven*, 1906).

알프레트 콜롬바니, 『베토벤의 아홉 편의 교향곡』(Alfred Colombani, *Le Nove Sinfonie di Beethoven*, 1897, Turin).

에른스트 폰 엘터라인, 『베토벤의 피아노 소나타』(제5판)(Ernst von Elterlein, *Beethovens Klaviersonaten*, fünfte Auflage, 1895).

빌리발트 나겔, 『베토벤과 그 피아노 소나타』 2권(Willibald Nagel, *Beethoven und seine Klaviersonaten*, 2 Bände, 1903-5).

셰들록크, 『피아노 소나타』(Shedlock, *The pianoforte sonata*, 1900, London).

체르니, 『피아노 교칙본』(제4부, 제2, 3장)(Ch. Czerny, *Pianoforte-Schule*, 4 Teil, Kapitel II, III).

테오도르 헬름, 『베토벤의 현악 사중주곡』(Theodor Helm, *Beethovens*

Streichquartette, 1885).

드 쿠르종, 『베토벤의 가곡 및 가요곡 발췌』(H. de Curzon, *Les lieder et airs détachés de Beethoven*, 1906).

오토 얀, 『레오노레, 제2회 개작에 의한 텍스트 달린 발췌곡』(Otto Jahn, *Leonore, Klavierauszug mit Text, nach der zweiten Bearbeitung*, 1852).

에리히 프리거 박사, 『피델리오, 제1회 개작에 의한 텍스트 달린 발췌곡』(Dr. Erich Prieger, *Fidelio, Klavierauszug mit Text, nach der ersten Bearbeitung*, 1906).

빌헬름 베버, 『베토벤의 장엄 미사곡』Wilhelm Weber, *Beethovens Missa Solemnis*, 1897).

교수 리하르트 슈테른펠트 박사, 『베토벤의 장엄 미사곡 입문』(Prof. Dr. Richard Sternfeld, *Zur Einführung in L.v. Beethovens Missa Solemnis*).

이그나츠 폰 자이프리트, 『전저음(全低音), 대위법, 작곡법에 관한 베토벤의 습작』(1832년)(Ignaz von Seyfried, *L.v. Beethovens Studien im Generalbass, Kontrapunkt, und in der Kompositions Lehre*, 1832).

드 랑스, 『베토벤과 그의 세 가지 양식(피아노 소나타의 분석)』(절판)(W. de Lenz, *Beethoven et ses trois styles(Analyses des sonates de piano)*, épuisé, 1854).

울리비셰프, 『베토벤, 그의 작품 비평가들과 해설가들』(Oulibicheff, *Beethoven, ses critiques et ses glossateurs*, 1857).

바실레프스키, 『베토벤』 2권(Wasielewski, *Beethoven*, 2 Bände, 1886, Berlin).

로버트 슈만, 『음악 및 음악가들에 관한 평론』 제1부(Robert Schumann, *Schriften über Musik und Musiker*, I. Teil. [*Ecrits sur la musique et les musiciens*, première serie, traduction H. de Curzon, 1894〕).

리하르트 바그너, 『베토벤』(Richard Wagner, *Beethoven*, 1870, Leipzig).

뱅상 댕디, 『베토벤』(Vincent d'Indy, *Beethoven*, 1911).

베토벤의 음악적 천재가 형성되어 가는 그 발전 경로를 연구하고자 하는 사람은 루스트(Friedrich wilhelm Rust, 1739-96년)의 음악작품을 아는 것이 유익하다. 그의 손자의 한 사람이 루스트의 몇몇 소나타를 간행하였기 때문에 루스트의 작품은 최근 다시금 주목을 받게 되었다. 루스트의 막내 손자 빌헬름 카를은 1807년부터 1827년까지 빈에 거주하여 베토벤과 사귀었다. 루스트, 카를 필리프 에마누엘 바하, 그리고 만하임 악파의 교향악 작곡가들은 실로 베토벤의 선구자들이었다 —— 후고 리만의 『베토벤과 만하임 악파 사람들』을 참조(*Die Musik*, 1907-8년).

또 네페(Neefe, 1748-99년)의 가곡을 알아보는 것도 흥미있다 —— 이 가곡은 벌써 베토벤적이다. 그리고 "혁명시대"의 프랑스 작곡가들을 알아보는 것도 흥미있다. 특히 케르비니의 종교적 또는 극적 작곡의 어떤 것들에 나타난 스타일은 가끔 베토벤의 모델로 사용되었다.

4. 베토벤의 초상

1789년 —— 실루엣, 열여덟 살 때의 베토벤(본 시에 있는 "베토벤의 집" 소장, 프림멜의 『전기』 16쪽에 복사가 실려 있다).

1791-92년 —— 베토벤의 세밀화. 게르하르트 폰 큐겔겐 작(런던 게오르

크 헨셸 소장. 1892년 12월 15일의 *Musical Times* 8쪽에 복사가 실려 있다).

1801년 —— 데생, G. 슈타인하우저 작. 이에 의한 요한 니들의 동판화도 있다(복사는 펠릭스 클레망의 『저명한 음악가들』(1879년) 267쪽과 프림멜의 『전기』 28쪽에 실려 있다).

1802년 —— 동판화, 슈타인하우저의 데생에 의한 셰프너의 작품(본 시 "베토벤의 집" 소장. *Die Musik* 1902년 3월 15일호 1145쪽에 복사가 실려 있다).

1802년 —— 세밀화, 크리스티안 호르네만 작(빈, 폰 부로이닝 부인 소장. 프림멜의 『전기』 31쪽에 복사가 실려 있다).

1805년 —— 초상화, W. J. 멜러 작(빈, 로버트 하이믈러 소장. *Musical Times* 1892년 12월호 7쪽과 프림멜의 『전기』 34쪽에 복사가 실려 있다).

1808년 —— 데생, 슈노르 폰 카롤스펠트 작. 이에 의한 J. 바우어의 석판화도 있다(본 시 "베토벤의 집" 소장).

1812년 —— 라이프 마스크, 프란츠 클라인 채형(採型).

1812년 —— 라이프 마스크에 의하여 제작한 흉상, 프란츠 클라인 작(빈, 피아노 제조상 E. 슈트라이허 소장. 복사는 프림멜의 『전기』 46쪽과 *Musical Times* 1892년 12월호 19쪽에 실려 있다).

1814년 —— 데생, L. 르트론 작. 이에 의한 블라지우스 회펠의 동판화도 있다(베토벤의 초상 중 가장 아름다운 것이다. 본 시 "베토벤의 집"에 베겔러에게 준 것이 보존되어 있다. 복사는 프림멜의 『전기』 51쪽과 *Musical Times* 1892년 12월호 21쪽에 실려 있다).

1815년 —— L. 르트론의 데생에 의한 리델의 동판화 *Die Musik* 1902년 3월 15일호 247쪽에 복사가 있다).

1815년 —— 초상화, 멜러의 두번째 초상화(프라이부르크, 이그나츠 폰 글라이헨슈타인 소장. 본 시 "베토벤의 집"에 복사가 있다).

1815년 —— 초상화, 크리스티안 헤켈 작(만하임 J.F. 헤켈 소장. 본 시 "베토벤의 집"에 복사가 있다).

1818년 —— 데생에 의한 동판화, 아우구스트 폰 클뢰버 작(*Musical Times* 1818년 12월호 25쪽에 복사가 실려 있다 —— 클뢰버의 데생 원작은 본 시에 에리히 프리거 박사의 콜렉션에 들어 있다).

1819년 —— 초상화, 페르디난트 슈몬 작(본 시 "베토벤의 집" 소장. 복사는 *Die Musik* 1902년 3월 15일호 249쪽, 프림멜의 『전기』 63쪽, *Musical Times* 1892년 12월호 29쪽에 실려 있다).

1819년 —— 초상화, K. 조제프 슈틸러 작(베를린 알렉산더 마이야 콘 소장. 프림멜의 『전기』 71쪽에 복사가 실려 있다).

1821년 —— 흉상, 안톤 디트리히 작(레오폴트 슈레터 폰 크리스텔리 소장. 본 시 "베토벤의 집"에 복사가 있다).

1824-26년 —— 데생, 캐리커처, 산책하는 베토벤, J.P. 리저 작(원화는 빈 "음악 애호가 협회(Gesellschaft der Musikfreunde)" 소장. 복사는 프림멜의 『전기』 67쪽과 *Musical Times* 1892년 12월호 13쪽에 실려 있다).

1823년 —— 데생, 캐리커처, 산책하는 베토벤, 요제프 반베엠 작(프림멜의 『전기』 70쪽에 복사가 실려 있다).

1823년 —— 초상화, 발트뮐러 작(라이프치히 브라이트코프 운트 헤르텔 출판사 소장. 프림멜의 『전기』 72쪽에 복사가 실려 있다).

1825-26년 —— 데생, 슈테판 데커 작(빈, 게오르크 네커 소장. 본 시 "베토벤의 집"에 복사가 있다).

1826년 —— 데생, 안톤 디드리히 작. 이에 의한 요제프 크리휴버의 석판화도 있다(프림멜의 『전기』 73쪽에 복사가 실려 있다).

1826년 —— 고대풍 흉상, 샬러 작(런던 필하모닉 소사이티 소장. 본 시 "베토벤의 집"에 복제가 있다. 복사는 프림멜의 『전기』 74쪽에 실려 있다).

1827년 —— 임종의 자리에 누운 베토벤의 스케치. 요제프 단하우저 작 (빈, A. 아르타리아 소장. *Allgemeine Musik-Zeitung* 1901년 4월 19일호에 복사가 실려 있다).

1827년 —— 임종의 자리에 누운 베토벤의 스케치 3점, 텔처 작(아우구스트 하이만 박사 소장. 프림멜이 이를 출간하였다. *Courrier musical* 1909년 11월 15일호에 복사가 실려 있다).

1827년 —— 베토벤의 데드 마스크, 단하우저 채형(본 시 "베토벤의 집" 소장).

베토벤의 사후 많은 초상이 제작되었다. 그 중에서도 가장 우수한 작품은 막스 클링거의 동상이라 하겠다.

옮긴이의 말

　　로맹 롤랑(Romain Rolland, 1866-1944년)은 일찍부터 그가 체험하고 있던 시대, 보불전쟁의 패전국이던 당시의 프랑스 국내의 비루한 물질주의와 회의적 이기주의 사조에 대하여 끝없는 증오와 반항심을 느꼈다. 그리하여 위대성에 대한 갈망은 일찍부터 젊은 롤랑의 가슴속에 깊이 뿌리박히게 되어 이것이 그를 영웅적 이상주의로 이끌어 갔으며, 그 이상주의의 줄기찬 전개를 우리는 그의 전생애와 전작품에서 볼 수 있는 것이다.

　　초기의 작품인 극작(劇作)*에서 로맹 롤랑은 사람들의 열정을 부추겨

---

* • 신앙 비극(Les Tragédies de La Foi) ──「생 루이」(Saint-Louis)(1897년),「아에르트」(Aërt)(1898년).

　• 혁명 비극(Les tragédies de La Révolution) ──「이리 떼」(Les Loups)(1898년),「이성의 승리」(Le Triomphe de la Raison)(1899년),「당통」(Danton)(1900년),「7월 14일」(Le 14 Juillet)(1902년) 등.

당시의 피폐하고 무기력한 사회를 새로운 하나의 신념으로 끌어올리고자 하였다. 그러나 그것은 헛된 기대, 보람없는 노력이었다. 그의 이 "민중극" 운동은 비평가들의 반발로 대중의 냉대에 부딪쳐 성공을 거두지 못하였다. 이와 거의 때를 같이하여 한때 프랑스 사상계를 뒤흔들었던 저 유명한 "드레퓌스 사건"*도 점차 한갓 정치문제로 전락하여 몇몇 정당의 모략적 도구로 이용되기에 이르렀으니 롤랑의 실망——문학운동 및 사상운동에 대한 그의 실망은 실로 큰 것이었다.

이에 그의 이상주의는 행동을 단념하고 고독 속으로 들어앉아 차후 10년 동안의 침묵과 환상 속에서 그의 필생의 대작 『장 크리스토프』 (*Jean-Christophe*)(1904-12년)를 완성하게 되었는데, 이에 앞서 그는 고독 속에서 정신의 거장들, 노력으로 고뇌를 극복하고 예술로써 생활을 극복한 위대한 예술가들의 영상을 마음속에 그려 보며 그들의 생애의 역사를 고요히 살폈다.

그러는 가운데 롤랑은 행동의 위대성 이외에 또 하나의 위대성이 있음을 발견하였다. "인생이란 고뇌 속에서 가장 위대하고 가장 풍요하고 가장 행복할 수 있다"**는 것을 그는 새삼스럽게 깨닫게 되었다. 그리하여 자기 자신을 스스로 위로하고 외로이 고민하는 모든 사람들을 위로하며, 나아가서는 고뇌의 의의와 위대성을 만인에게 가르쳐 무거운 짐을 진 사람들의 형제애에 의한 정신의 나라를 건설하기 위해서 『탁월한

---

* 이 사건이 일어나자 로맹 롤랑은 과감히 드레퓌스의 무죄를 부르짖고 나선 최초의 한 사람이었다.
** 『베토벤의 생애』의 머리말, 이 책 13쪽 참조.

사람들의 생애』(*Vies des Hommes illustres*)*가 쓰여진 것이다. 그리고 그 제1권이 바로 이『베토벤의 생애』**이다.

어렸을 적부터 롤랑에게 음악은 마음의 양식이었으며, 베토벤은 최대의 정신적 벗이요 스승이었다. "위기 속을 헤매던 나의 청년시절에 가슴속에 영원한 삶의 불을 붙여 준 것은 베토벤의 음악이었다"라고 롤랑은 「어린시절의 추억」에서 말하고 있다.

이 경건한 제자는 그의 거룩한 스승의 지상에서의 생애를 좀더 자세히 알아보고 싶은 욕망이 차츰차츰 그의 마음속에 일어남을 느꼈다. 롤랑은 베토벤이 생애의 대부분을 지낸 빈으로 가서 스승의 지나간 자취를 속속들이 더듬었고, 본에서는 베토벤이 태어난 초라한 다락방에 몸소 들어가 보았으며, 1902년에는 마이앙스에서 열린 베토벤 기념 음악회에 참석하는 등, 각지를 순례하였다. 그리하여 가는 곳곳마다 위대한 예술가의 비참하였던 일상생활을 감촉하고 베토벤의 위대성에 대한 인식을 더 한층 깊이 하여 감격 속에서 마치 복음서를 적는 것과도 같은 태도로 그의 스승의 전기를 쓴 것이다.

---

* 『베토벤의 생애』(*Vie de Beethoven*)(1903년), 『미켈란젤로의 생애』(*Vie de Michel-Ange*)(1906년). 『톨스토이의 생애』(*Vie de Tolstoi*)(1911년) 등.

** 로맹 롤랑의 베토벤 연구서로는 이 책 이외에 『베토벤의 대창조기』(*Les Grandes époques créatrices de Beethoven*)라는 방대한 저서가 있다. 이것은 7권으로 나뉘어 1권『영웅 교향곡에서부터 열정 주명곡에 이르기까지』(*De l'Héroïque à l'Appassionata*)(1928년), 2권『괴테와 베토벤』(*Goethe et Beethoven*)(1930년), 3권『부활의 노래 — 장엄 미사곡 및 최종의 소나타들』(*Le Chant de la Résurrection : La messe en ré et les dernières sonates*)(1937년), 4권『제9교향곡』(*La neuvième Symphonie*)(1943년), 6권『회비의 종결 : 베토벤의 최후의 수개월』(*Finita comoedia : derniers mois de Beethoven*)(1945년), 7권『베토벤의 연인들』(*Les Aimées de Beethoven*)(1949년)이다.

누구에게나 읽은 후 진심으로 감격하는 책이 일생 동안에 몇몇 권은 있는 법이다. 삶에 지쳤을 때 용기를 북돋워 주었거나, 삶의 보람을 찾으려고 애쓸 때 응답하여 주었거나, 또는 삶의 환희에 열광케 해주었거나 간에 그러한 책들은 우리에게는 운명적인 존재이다.『베토벤의 생애』는 옮긴이에게 그러한 운명적인 책의 하나였다. 읽을 적마다 역자의 가슴속에 불길을 일으켜 주곤 하던, 그리고 지금도 불을 태워 주는 이 책이 "독자들에게도 정신의 양식"이 될 수 있다면 역자는 운명의 신에 대한 빚을, 로맹 롤랑에 대한 은혜를 다소나마 갚은 것으로 생각할 수 있을 것 같아, 그 이상의 기쁨은 없으리라.

옮긴이

옮긴이 **이휘영**

소르본대학교 문학부에서 D.S.C.F. 학위를 받았으며,
서울대학교 불문학과 교수를 역임했다.
옮긴 책으로 알베르 카뮈의 《이방인》《페스트》《안과 겉》,
마르탱 뒤 가르의 《회색 노트》, 티에리 모니예의 《암야의 집》,
앙드레 지드의 《지상의 양식》《사전꾼들》,
에밀 파게의 《독서론》, 메리메의 《카르멘》 외 다수가 있다.

베토벤의 생애

1판 1쇄 발행 1972년 10월 30일
3판 1쇄 발행 2005년 11월 20일
3판 13쇄 발행 2022년 11월 15일

지은이 로맹 롤랑 | 옮긴이 이휘영
펴낸곳 (주)문예출판사 | 펴낸이 전준배
출판등록 2004. 02. 12. 제 2013-000360호 (1966. 12. 2. 제 1-134호)
주소 04001 서울시 마포구 월드컵북로 21
전화 393-5681 | 팩스 393-5685
홈페이지 www.moonye.com | 블로그 blog.naver.com/imoonye
페이스북 www.facebook.com/moonyepublishing | 이메일 info@moonye.com

ISBN 978-89-310-0512-7 03860

○ 잘못 만든 책은 구입하신 서점에서 바꿔드립니다.

&문예출판사® 상표등록 제 40-0833187호, 제 41-0200044호